この書を韓国の民主化のために戦った、そしてこれからも戦いつづけるひとびとに捧げる

――韓国併合百年目の年に――

亡命者の記録—池明観のこと—目次

亡命中の池明観（筆者の結婚式にて。まえがき）

池と出会ったころの筆者（まえがき）

ケンブリッジ大学での金大中と筆者。中央は韓国人留学生（本文 71 頁）

韓国帰国後の池明観（筆者宅にて談笑。本文 72 頁）

金大中の演説に聞きいる聴衆
(写真提供＝延世大學校金大中図書館。本文 153-154 頁)

光州事件の市街
(写真提供＝ PHOTODESK。本文 70-71、154-157 頁)

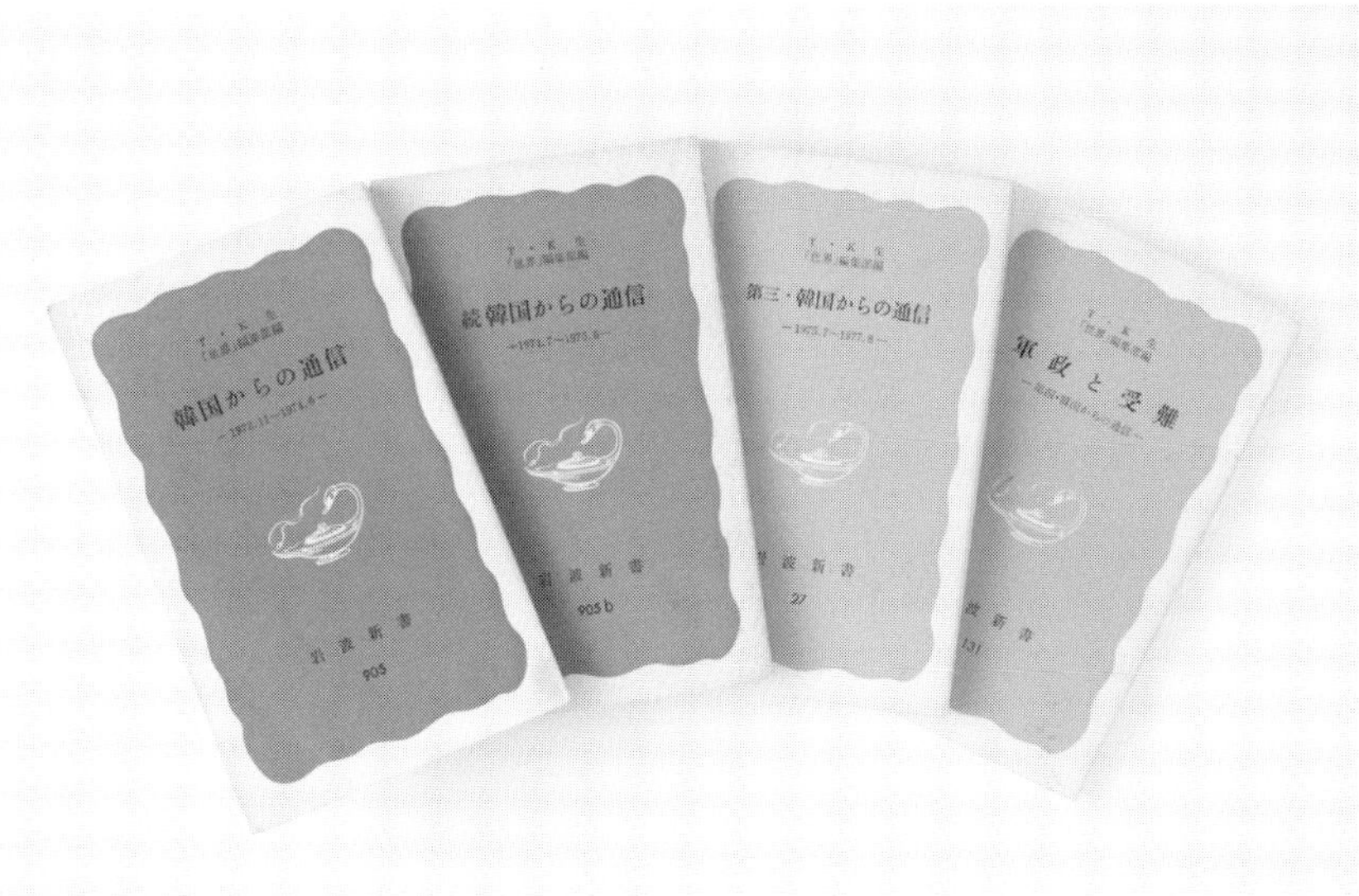

池明観の『韓国からの通信』全 4 冊（本文第二章）

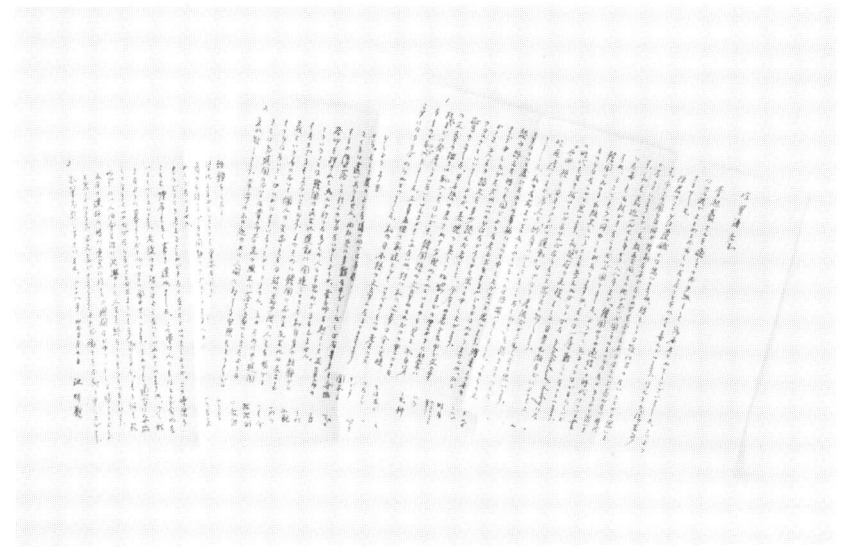

池明観の筆者宛書簡（本文 85-86 頁）

「歴史家は希望を語るのであって、絶望を語るのは歴史家ではない。だから今、ここで古い歴史を考える、あるいは、日韓関係の歴史を考えてもいいし、一九四五年以降の韓国の現代史を考えてみてもいいのですが、そこで、しかし、絶望するのではなく、希望を語るべきである。未来の方に希望が見えてくるという立場に立つのが歴史家である。そのように彼（マイネッケ―ドイツの歴史家―堀）はいうわけです。今日、私たちはよく絶望を語り、未来に対して希望がないかのように思っているのですが、日韓両国の歴史を振り返りながら、私はやはり希望を語りたいと思うのです。」

（池明観「韓国現代史と日本」、桃山学院大学総合研究所『国際文化論集』第三三号、二〇〇五年一二月）

まえがき

二〇〇九年一〇月、私は、「池明観の人と業績」と題し、韓国春川市にある翰林大学校で一場の挨拶をするために、覚書を用意した。その内容をまえがきに代えて掲げることをご容赦いただければ幸いである。

今回、翰林大学校日本学研究所が中心になって、現代韓国がもちえた偉大な知識人、池明観の人物と思想、その足跡を世に問うという企画が実現したのですが、これはたんに一人物の批評・顕彰ではなく、韓国社会の体験してきた現代史をあらためて学問的に検討する機会として実に貴重であると思います。そして、このような試みに、隣国の研究者も交えてくださったことを大変ありがたく、かつ光栄に存じます。

池明観先生には、四〇年ほど前の学生時代以来、謦咳に接してきました。池先生が日本に亡命された直後、林茂先生（故人、東京大学教授、日本政治史、かつて京城帝国大学に在職）に紹介され、お目にかかったのが最初で、その後、私の下宿で焼き鳥をつまみにささやかに缶ビールで歓談したり、さらには結婚式でスピーチをしていただいたことなどが、昨日のことのように想いだされます。

この邂逅は、研究者として、それ以上に一個の市民としてこの上ない幸せと感謝しています。先生との出会いがなければ、自分の勉強の中身は今の何分の一にもならない貧弱なものであったはずです。その感謝の念を『亡命者の記録─池明観のこと─』という一種の知的評伝にこめ、皆様の御批評を仰ぐことを希望しておりましたが、さいわい、この希望が韓国語での出版というかたちでかなうことになりました。こうした幸運を授けてくださった翰林大学校と同日本学研究所の先生方・関係者のかたがたにはお礼の言葉もありません。

私としては、韓国語の評伝をまずはお読みいただきたいのですが、そのまえに、以下、少々、池先生と私の関係や評伝の全体的な意図を申し上げ、評伝への簡単な道案内に代えておきたいと考えます。

私は先生に励まされて日本の政治史や思想史を書いてきました。その分量はとるに足りませんが、そこには先生の示唆があり、日本の研究者が取り組むべき課題、その方法はどういうものであるべきかを考えようとする姿勢はあったのではないかと思います。

日本にもこの国においてと同様、先生から影響を受けた研究者は数多く存在しますが、私の場合は、なにより、学問は生きたものでなければならない、社会とつながった、社会を呼吸しているものでなければならないと教わりました。当然、学問とはそうあるべきですが、これがなかなか実践されていないのが、日本における研究、とくに歴史学や政治学の現状です。国民国家論といえばハイ国民国家論、近代の超克といえばハイ、オリエンタリズムといえばハイと、人さまの問題関心に引きずられ、五年周期、あるいは五年もしないうちに賞味期限がきれてしまうテーマ、はやりものに飛びつく傾向が目に付きます。

自分たちの足元から問題を組みあげないで、借り物で済ます手合いが多いのです。バスに乗り遅れるなといった業績主義、ひととおなじことをしている全体主義の安堵感が瀰漫しています。なぜこうしたテーマでなくてはならないのか、何のために取りくんでいるのか。それが見えてこない研究が優勢です。私はこうした研究者の姿勢を疑問視します。これでは、学問がけなげに人間の幸福を追求する一助にならないからです。

このような傾向の一方には、統計的な処理で政治を解き明かすことができるかのような錯覚もはびこっています。哲学者のカール・ポパーが警告したように数字や統計それ自体には思想はなく、これらを意味あるものにする主体がそこに存在しなくてはならないのですが、あいにくとどこかの国の分析手法が持てはやされれば、その習得とお披露目に躍起となっている。このことが気になって仕方がありません。堅実な学業と熱いこころざしがあってはじめて何かものを言えるのではないか、こう思うのですが、これはすべて池先生からの教えです。

さらに言えば、先生から教えられたことの一層大事なことは、人間的にいかに自分を維持し、他人を大事にできるか、という生き方の問題です。困難な状況でも自他をささえる精神があってはじめて何事かを成し遂げることができる。こうした生き方の姿勢を学ばせていただいたことが私にはかけがいのないことでした。

私は三〇代の初め、アメリカで教えて帰国した直後ですが、疲労がたまって網膜裂孔という病気になりました。ご両眼を手術しましたが、幸い、右目はなんとか視力を維持でき、今日まで勉強を続ける幸福に恵まれました。ご想像のように、このときは人生の一大事でしたが、池先生にはこのときも心から励ましていただきました。「あすのことは思いわずらうな。あすのことはあす自身が思いわずらうであろう。一日の苦労は一日にてたれり」という聖書の言葉を含む懇切な、あたたかい手紙でした。私はクリスチャンではありませんが、この励ましに、運命を受け入れ、自分にできるだけのことはする、という人生の作法を得たのです。

先生の人生はこのような周囲へのやさしさ、愛情と切っても切れないものだと思います。このおもいやりが、正義感、韓国知識人の伝統的なエートスなどと一体となって韓国社会のあり方を批判するペンをとらせ、東アジアの将来についての提言をなさしめていることをなにより申し上げておかねばならないと考えます。

では、先生はどうしてこのようなやさしさを身につけたのか、という問題ですが、それは先生の生い立ちと韓国の民主化運動のなかでの苦闘の所産だと思います。私はその思想的著作ばかりか、池明観という人間の心のひだにふれえた点、じつに幸運でした。このことを申し上げた上で、学生のときの私にもどりますと、先生ご自身は当時、心身ともに疲労困憊、祖国の前途の見通しも立たないなかで、果敢に、自らに鞭打って、軍政と闘っておられました。それは『韓国からの通信』や数多くの時論となってあらわれています。

イギリスの哲学者フランシス・ベーコンが述べているように、政治学のよい本はすべからく戦いの産物です。『韓国からの通信』をはじめとする先生の著作は時代の貴重な証言であり、かつ、政治学の古典になることをいまから約束されていると思います。

こうした過酷な日々を送られている先生と現実離れのした、机の上だけの学習者であった私という組み合わせは考えれば妙ですが、実際そうなのでした。先生はさまざまなかたちで研究上の指導もしてくださったのですが、なかでも、日本人の精神の根底には戦前（第二次大戦前）と変わらぬ国家主義的な発想が根強くあり、それをいかに克服していくかが課題のひとつではないか、といわれたことが私の勉強の基本線になりました。

爾来、私はこの問題に注意し、日本ファシズムを主題にした本を書くことになりました。また、国家主権の枠を超えられぬ日本人をしていかに発想の転換を可能にするか、このテーマのもと、イギリスの政治学者で労働党の重鎮であったハロルド・J・ラスキの足跡を追いかけました。

ラスキは第一次大戦の惨禍をまえにして国家主権とは何であるかを問いかけ、多元的社会論を展開したことで有名ですが、やがて、ヨーロッパにファシズムの足音が強まるなか、この危機を文明社会への脅威と受けとめ、その打開にむけて同意による革命を提言し、反ファシズムの戦いに挺身しました。同意による革命とは、ロシア革命のような流血の騒擾ではなく、各国の特権階級が譲歩し、科学が可能にした潤沢な経済をすべての人々に共有させるような大きな社会変革のことです。ラスキはこの思想を、*WHERE DO WE GO FROM HERE?* 1940. という著書のなかで表明しました。

私はこれを『ファシズムを超えて――一政治学者の戦い――』と題して訳出しましたが、本来は、われわれはここからどこに行こうとしているのか、つまり何をなすべきか、というタイトルです。ただちに思いだされるのは、アメリカの公民権運動を指導し、暗殺されたマーチン・ルーサー・キング牧師が一九六七年にまったく同じ題名の本を出し人々を鼓舞したことです。現実に生きるということは思想・理念に生きるということであり、彼らは同じ思想的地平にたっていたわけです。

池先生が現実に生きる学問をしなさいといわれたこととラスキらへの関心は直結しています。なお、ラスキの著作はペンギン叢書のベストセラーになったもので、ラスキとは親密な関係にあったルーズベルト大統領をはじめアメリカでも多くの人に読まれました。この本に励まされたイギリス国民はよく闘い、ファシズムに蹂躙されていたヨーロッパ各地の民衆もまた解放への希望をつなぎとめることができました。

『韓国からの通信』などの池先生の仕事も、ラスキやキング牧師のそれと同じく、人々の苦悩多き生活、不正のはびこる社会、国家主権の枠を超えられない現実をまえに、その克服をめざした点、彼らと活動した時代と場所はことなるにせよ、人々に希望をあたえる活動であったことでは同じです。

先生の場合はそれがまず祖国の軍政からの解放・民主化の実現であり、文民政府になってからも民主主義の発展を不断に追求し、韓国をして自由で安定した繁栄を享受できる社会にすることでした。

この課題には、たんに韓国の内政変革にとどまらない要素が含まれていました。それは隣国日本との和解と提携の基礎をもたらすような民主化の実現です。相互理解への道筋を文化的精神的につける仕事です。

こうした努力は中国をまじえた東アジアの共存と連帯の中心となる韓国社会の建設を念頭においたものと私には理解されました。先生が『韓国からの通信』を始めとする著作活動、日本各地における大小さまざまな集会での発言、大学などでの講義をつうじて苦闘されたのは、WHERE DO WE GO FROM HERE？の問いかけ、責務を韓国社会の一員としてどう果たすか、この責務をどう隣人たちに伝え、共有するかという一点にかかっていたと思います。

軍政からの解放だけが課題であったなら、その目的はおおかた達成されたといえるかもしれませんが、先生の視野はもっと大きく、展望はさらに先を見据えていたのです。それがこうした活動のなかでも、とりわけ韓国の文化、精神性のありかを探求すること、東アジアの平和の条件を模索することを先生に課したのです。

韓国の文化・精神は本来優しく、かつ強靭な、人間の声をもったそれであると思います。この点を隣人に理解せしめたのが先生の思想、学問であり、政治や経済の根底にこうした文化・精神が存在することを相手方にも認識させ、この人間をして人間たらしめる文化的・精神的財産を互いに発展させていこうではないか。こう主張されたのです。

この問いかけにさいして、先生は神学者のラインホルト・ニーバー、歴史家のアーノルド・トインビー、哲学者のハンナ・アレント、あるいは、日本の哲学者の三木清や作家の大江健三郎など、世界の活動する知識人との対話から多くを摂取され、これをさらに自らの課題に沿って発展させたのです。

池先生の問いかけは、韓国三・一独立運動の宣言がそうであったように、普遍的で人間的な思想・精神に根ざすものです。この姿勢に励まされた多くの日本人のなかから日韓関係の新たな担い手が登場し、相互理解と協力を深めていくはずです。無論、これまでにも韓国を論じた日本人は少なくありません。しかし、それはこの国をさしてライジング・ドラゴン（昇竜）などとひたすら韓国政府・ビジネス界の御用を務めるものか、隣国を毛嫌いするだけものか、得るところのない議論でした。同じことは韓国側の日本論にも言えました。

先生以前には、両国社会のそれぞれの持ち味も問題点も複眼でみることができる論者は存在しませんでした。彼らの観察は机の上の勉強か接待から生まれたものだったからです。己を知らずして相手を知ることも、相手を知らずして己を知ることもできません。先生にこのような強みをもたらしたのは、日本での長期滞在を余儀なくさせた韓国史の皮肉ですが、この運命が両国の未来に橋をかける人物を生み出したことには大きな意味がありま す。そして、先生が帰国後、この大学の日本学研究所所長として、日本理解の先頭に立たれたことは韓国学問史に永久に刻まれる業績です。

もっとも私は、この国における日本研究とは実は韓国研究のことだと考えています。自国への深い愛と認識がなくては、他国を理解することなどは所詮できないからです。この研究所が日本研究をリードしてくださるだけでなく、韓国の知的中心そのものであっていただくこと。このことが池先生の活動と理念を承継する何よりの道だと思います。私たちも一緒にこの道を歩んで行けるよう次の世代作りに努力します。

以上、先生のなし遂げたことが韓国の人びとにもわれわれ隣人にもどれほど大きな意義があったかは、先生の言動を私なりにまとめた評伝をお読みいただければ幸甚です。内容は、先生の言動をそのまま写したもので、私自身の努力はとるに足りないものですが、今後に書かれるであろう池明観伝を楽しみに、一応、まとめました。

池明観は韓国のみならずアジアが生んだ実践的知識人、良心です。本来なら、英語圏の書き手があらわれ、アジアの地にこのような活力ある思想・精神が存在していること、そして、これを継承し発展させようとする覚悟がアジアの社会に躍動していることを広く世界に知らしめていただきたいものです。これは例の狭小なアジア主義ではありません。世界に通用するアジアの知を確認したいのです。その一環として、今回、翰林大学校日本学研究所の叢書の一冊として、拙著『一亡命者の記録—池明観のこと—』の韓国語版が日本語版と同時に刊行されることはうれしいかぎりです。日本語での出版は早稲田大学に申請してあります。

池先生の存在を誇りに思い、その事跡をさらにそれぞれの持ち場で発展させていかなくてはならぬと考えるものとして、このような機会に恵まれたことにつき、日本学研究所長の徐禎完先生、翻訳を企画された梁基雄先生、訳業に従事されている安正花先生に深甚の謝意を申し上げます。池先生ならびに、出版を期して開かれたこのシンポジウムにご参列の皆様方のますますのご活動と研究所のさらなる栄光を祈念して、このつたない挨拶を終わりたいと思います。

第一章

池明観の足跡

はじめに

一九八七年の「民主化宣言」にいたるまで長期にわたって韓国の軍事政権と戦い、今日みるような社会の実現に貢献した韓国人は少なくない。命を落とした人もまれではない。しかし、池明観《チミョンクワン》ほど、この闘争において、韓国の実情を伝え、日本の主要メディアの関心を喚起し、その後も引きつづき両国社会のあいだに橋を架け、相互のより深い認識、さらには和解へむけて道筋をつけてきた韓国人はいないのではないか。

私が日本での亡命生活をはじめたばかりの池先生にお目にかかってから早や四〇年になろうとする。怠惰な学生であった私は大学教師となってからも先生に会うたびに励まされた。池先生は私にとって先生としか呼びようのない存在である。しかし、以下ではこの慣れ親しんだ呼び方をやめて、評伝の対象としたい。

池明観は、朝鮮民族を誇りにしつつも偏狭なナショナリズムとはまったく無縁である市民、いうなればアジア、とくに東アジアの現状と将来に思いをはせる国境を超えた新しい型のアジアの知識人である。二〇〇六年八月一五日の「終戦の日に思う」というインタビュー記事（『高知新聞』）などはそのことを端的にしめしている。

「また八・一五の日を迎えた。六十一回目の終戦記念日である。戦争が終わって平和の日を迎えたといえば、もろ手を挙げて喜ぶべきであるが、東アジアの現状をながめれば安易な楽観論は許されそうもない。

七月五日の未明から北朝鮮が七発ものミサイルを発射して世界を驚かせた。国連の安全保障理事会は北朝鮮非難決議案を通したが、これは何よりもこの地域がいまだに平和と発展からほど遠いところにあることを象徴的に示したといえよう。

それだけではあるまい。この地域を占めている主要国家、日・中・韓の首脳のあいだでは、真摯な対話が途絶えて久しい。それは小泉純一郎首相のA級戦犯を祭る靖国神社への参拝をめぐって、中・韓が異議を唱えているからといわれる。東アジアの将来像に対して三国首脳のあいだに、共通の認識が欠けているからであるように思われる。

このことは日本がかつてアジアを支配した歴史を離れては考えられない。過ぎ去った歴史から学んで新しい歴史を構築することができなければ、失敗は必定である。日本は戦後の歴史において、八・一五を『敗戦』と見なす考えから『終戦』ととらえる考えに進んできた。アジアは中国も韓国も依然としてその歴史を『解放』としてとらえている。

敗戦ということばには勝利をかちえなかったことに対する悔しさがやどっているといえるかもしれない。解放ということばには確かに抑圧した者に対する怨念がやどっていた。

そのため私は東アジアの未来を考えるとき、これからはわれわれみなが心おきなく終戦ということばを使うことができないものかと思うのである。あの戦争を、ともに愚かな行いとして振り返り、そのような時代を経て、いまわれわれは新しい東アジアの時代を迎えたと考えるのである。

そこでは、終戦ということばは単に一九四五年八月一五日の歴史を指すのではなく、今日のわれわれに迫ってくることば、行くべき道を指し示すことばとなる。東アジアにもう戦いはなく、平和と繁栄があるのみというぅことばに。

発想の転換とはこういうことであろう。実際、日・中・韓三国の関係は歴史的に大きな転換期にさしかかっているのではなかろうか。

近代以前、かつては中国が東アジアの覇権を握っていた。それは武力的であるよりは多分に文化的であった。

近代以降はそれが日本に移行するが、日本の覇権はヨーロッパの支配と同じように軍事力を背景にしたものであった。いずれの場合も支配者を頂点にしたヒエラルキー的な秩序であった。支配者と被支配者の対立と対抗は、そこでは根本的には避けられないものであった。

東アジアの現代史はこのような過去の歴史を超克して、日・中・韓の対等な関係を生み出すことができるであろうか。それが可能であるとすれば、支配と被支配の関係とは異なる、おたがいが協力しあう関係をこの地域に初めて打ち立てることを意味するであろう。

中国の大国化が歴史的必然であるとすれば、このような観点からそれを受け入れねばなるまい。それは同時に東アジアの国々が中国に向かって対等な関係を築くよう要請を突きつけることを意味するであろう。今日の東アジアの混乱は、このような新しい時代への移行を目前にひかえて暗中模索する姿と見てはどうであろうか。それが真の平和と繁栄をともに求める動きであるとすれば、日・中・韓以外の国々、地域には、特に弱い地域に対しては、協力と助力の手がさしのべられるべきであることはいうまでもあるまい。

八・一五の日であれば、このような夢を描くことも許されるかもしれない。現代史の方向をながめて楽観的になりたい。楽観なしには行動もありえないと思うからである。歴史的ビジョンの構築とそれを実現するための行動はまず市民からということも強調しておきたい。」

再言すれば、池明観は、亡命の長期化が機縁となり、日本の社会を人一倍理解し、欧米の思想と朝鮮の伝統的な思想とを背景にして、これを適切に批評し得た類いまれな観察者である。そしてなによりもそのクリスチァンとしての信実な生き方、寛容な人柄によって日韓の数多くの市民を友情と信頼の絆に結びつけた善意の人である。

彼は、一知識人として朴正熙のクーデタに始まる韓国の軍部独裁体制と戦い、民主化の達成に挺身し、その後も文民政府下の民主主義の発展に従事したばかりか、依然和解することの困難な日韓両国のあいだに、そして日中韓三国のあいだに理解と協調をもたらすための努力をつづけてきた。この半生紀におよぶ苦難に満ちた活動と思索は、民主主義と友好をめざすすべての人、とりわけ日韓、さらには中国の市民により十分記憶されて良いと思われる。身近に池明観を知る人が多いなか、また、「池明観自伝　境界線を超える旅」（『世界』二〇〇四年八月―二〇〇五年四月。全九回連載）が、二〇〇五年八月に岩波書店から同名の単行本として、さらに二〇〇六年六月にはその韓国語版が刊行されたにもかかわらず、その人と思想を私なりに編んでみるゆえんである。

スタイルは一種の知的評伝で、できるだけ池をして語らしめる。私の試みは準備と批判性に欠けているが、また、社会史としての評伝にもほど遠いが、彼の本格的な伝記を書く若者が現われようから、それまでのつなぎである。

なお、池についてはすでに伊藤虎丸氏による短いながら理解の行き届いた一文があり、一読を勧めたい。「池明観教授略年譜及滞在時期日本文著作目録並びに代序」（東京女子大学紀要『論集』第四五巻第二号、一九九五年三月。一九二四年から一九九四年一〇月までの年譜は田代安見子氏作成。一九六六年四月から一九九四年一一月までの著書・論文については樋口容子氏作成）

平安北道に生まれる

池は一九二四年の（実際は陰暦でいうとこの年の九月一三日出生であるが、届け出に従うと）陽暦の一〇月一一日、朝鮮の西北、中国との国境からさほど離れていない平安北道定州邑徳山面に生まれた。すでに一九一九年の三・一独立運動からは五年ほど経っていたが、この地にも不安な空気が依然漂っていた。父親池応河《チウンハ》は貧しい小作農で、遠戚の精米所で働いていたある日ベルトにからまって高所から落ち肋膜を患ったのがもとで明観が三歳のとき亡くなった。一人っ子をかかえたクリスチャンの母親崔元河《チェウォナ》は三〇歳を少し出たところで、リンゴ園の下働きをする人たちの住む部屋を借り、町の人を相手に豆腐を売って生計を立てるしかなかった。

或る実に寒い日、火の気のない部屋で母子ともに寝つかれずにいたとき、母親が明観を抱きしめて、「このように寒くて寝られないでいるとは、お前とあたしだけが知っていること。そして神様とね」といった。彼はただ泣いた。そして、「神様がいらっしゃるなら、どうしてこの憐れなわれわれを助けてくれないのか」と思った（以下、自伝からの引用については特に断っていない）。池の人生は、このような苦難の中で神を信じるとはという問いを、時々の状況において繰り返したが、この日の問いはその最初のものであった。

母と子は貧しさに耐えかねるほどであったが、朝鮮の教会には女性の再婚を認めない不文律があった。小学校教育も十分受けていない母親であったが、賢明であり、厳しく彼をしつけた。彼こそ唯一の希望であったからで、池も母親を喜ばそうと幼な心に決意していた。池が定州普通学校（小学校）に入学したのは一九三一年である。ここで卒業までの六年間、担任となる鄭稟仁《ジョンプイン》に出会った。

鄭は河上肇の『資本論入門』などを読んでいた民族的なマルキストで、池を公立の高等普通学校（中学校）に進むよう奨励し、経済的にも援助してくれた。この鄭は、一九三七年三月、中学入試を控えた最後の授業で、六〇名ほどの生徒のうち、上級学校に進めない大多数の子供たちを先ず慰めた。次いで、受験する子供たちに「自分ももっと勉強がしたい」とため息まじりに語ったあと、一本ずつ鉛筆を手渡して言った。「最初はまっかなこの鉛筆で書き始めるのだ。その芯が折れたらつぎの鉛筆を取る。赤い鉛筆、それで先生の心が君たちの成功を祈って熱くなっていることを思い出すのだ……。」鄭の説話には進学する生徒ばかりか皆で声をあげて泣いた。

平壌高等普通学校に進む

池は平壌の北、万寿台の丘にあった平壌高等普通学校に進んだ。秀才の集まるところである。彼も母親も、そして鄭の喜びもさぞ大きかったことであろうが、入学後ほどなくして日中戦争が始まり、翌三八年になると教育の面での圧制も顕著となった。校内での朝鮮語は一切禁止で不意に出た場合でも日本人教師に処罰された。

彼はこの中学校時代をひとことで「牢獄と思うほど、今でも苦い思いで思い出」すというが、それは軍事教練で配属将校によくなぐられたことよりも言葉を奪われたことの苦痛によった。日本語のものしか読まない同級生たちの多くと違って、彼が李光洙《イ・クァンス》（一八九二―一九五〇）の小説など朝鮮文学を隠れて読みつづけたのは朝鮮語が排除されていくことへの抵抗でもあった。

後年（一九八一年九月から半年間）、彼は、日本人学生のための朝鮮語講座において李の『有情』をテキストにとりあげ、日本語訳刊行に向け指導したが、その講義中、「わたしはこの作品を中学時代涙を流しながら読んだものだ。……南貞妊が抗日独立運動家の娘だという設定のなかに、時代へのひとつの抵抗の意識があらわれている」と語っている（李光洙『有情』池明観監訳、一九八三年）。

さて、池の進学とともに母親は平壌に移り、間借りをしながら学生まかないのような下宿を営んでいたが、まもなく日々の糧をもとめて北京へ行かざるをえなくなった。彼も北京に行くため、中学を中退することを考えたが、母親がそれを許さず、一九四〇年一〇月まで同地で学費の工面もつかず、平壌に戻ることもできない生活を送った。中学時代が牢獄のようであったもう一つの事情である。

彼はこうしたなか早逝した抒情詩人の金素月《キムソウォル》（一九〇二―一九三四）の作品を口ずさんだ。生きることへの耐えがたい思いと目の前に散らつく母親の姿とを前に、「散り散りに砕けた名まえよ！　虚空の中に別れた名まえよ！　呼んでも主人のない名まえよ！　呼びつつ私が死ぬべき名まえよ！」（金「招魂」）と。孤独感にさいなまれ、「私を見るのを耐えかねて　行かれるときには　ことばもなく、やさしく送って上げましょう。……私を見るのを耐えかねて　行かれるときには　死んでも涙など流しません。」（金「つつじの花」）と。

幼少より貧困に洗われ、中学生時代には生きる意味を見出しかねて彷徨した池であるが、この危機は民族的なキリスト教会との接点によりかろうじて乗り越えられた。「民族的な指導者にならなければならないという、教会の要請に応えたい」との思いがあったからである。

太平洋戦争、そして解放

一九四一年一二月八日、太平洋戦争が始まった。彼、一七歳のときである。翌四二年三月、彼は平壌高等普通学校（学校名は変更されて平壌第二中学校）の卒業式を迎えたが、新調の学生服で式に出席するようにいわれたことで欠席し、郵便で卒業証書を受けとった。朝鮮から脱出したいとの想いでただちに母親のいる北京に行った彼は、北京大学への入学を考えたがかなわず、一年間同地に滞在したあと、一九四四年四月、新義州《シニジュ》師範学校講習科の一年コースに進んだ。一〇月には狼林《ナムソム》山脈の、文字通り山奥にある、生徒は火田民の子どもたちが二〇名足らずという国民学校に教育実習に出された。

そのときこの国民学校で鄭稟仁と再会、鄭の温かい人間性に改めて触れた。池は「物書きになりたい。この（鄭）

先生のような人の物語が書きたい」と思ったというが、鄭との再会六カ月後の四五年四月、母校の定州普通学校（定州朝日国民学校と改称されていた）に赴任した。ここでは同僚となった日本人教員の人間的みにくさに悩まされ、あきれもした。

八月一五日は日本人にばかりか、朝鮮人にも苛酷な時代の到来を意味した。定州の街には九月になるとソ連軍が進駐、日本人婦女が惨めな思いをさせられた。ソ連に支援された金日成が北朝鮮人民委員会の委員長に就き、金以外の民族主義的指導者は民族の反逆者とされた。未来にたいする不安と恐怖が人々のあいだに拡大していった。海外で戦っていた李承晩《イスンマン》や金九《キムグ》を罵らなければならなくなった。「誰が正しいかわからないが、私は李承晩、金九両先生を愛国者としてほとんど毎日の如く教壇で讃えてきた。」それが今日からは両人を糾弾しなくてはならないというが、日本と天皇を讃えてきた自分たちが解放後、いかに恥ずかしい思いをしたかわからない。「同じことを二度、教師として経験しなければならないこととは、あまりにもつらいこと」である。

彼は生徒に涙ながらにこう語り、学校を去った。そして、四六年九月に設立された金日成大学の教育学部に入り、寮生活を始めた。池、二二歳のことである。一二月、鄭が平壌にやって来た。金日成大学の学生となったことを喜び、将来を託すという鄭にたいし、大学での教育に疑問を感じていた池は恐らく反駁したのであろう、「お前は実に反動的だ」といわれた。この日の議論を最後に鄭とは会うこともなく、「父にまさる先生の消息も知らずに、この世を去るのかと、……時たま淋しい思いに駆られる」別れとなった。

定州の母校を去るときすでにきざしていた南への脱出計画は、金日成大学時代にも彼の脳裡をしばしばよぎったが、こうしたなか、中学校の同期生、蔡在善《チェジェソン》が現われた。蔡は京城帝大の物理学科に学び、忠清北道の忠州師範小学校の数学の教師をしていたが、池を南へ連れ出すために平壌に来たという。池は治安隊の検索をのがれるべく金日成大学の学生帽を被ってトラックの荷台に乗り、黄海沿岸の海州から、真夜中、船で三八度線を越えた。越南《ウォルナム》である。反共青年団による収容所での取り調べのあと、ソウルへ行くことが許可され、忠州での蔡との共同生活も始まったが、南の状況がわかるにつれ南下という選択に懐疑を抱き始めた。

四七年から忠州師範付属小学校の教師となった池は、任期の一年が終わると、仕事をもとめ、ソウルに向かった。越南者として身元を怪しまれたのか就職は困難で、将来は絶望的であった。そのとき偶然ソウル大学の学生募集の看板を目にしたことで、四八年秋に受験、宗教学科に入学した。二四歳の新入生は哲学科を志願したが、宗教学科に回されたのである。

学園内には共産主義と反共の対立があり、動揺が絶えなかった。しばらくすると母親も越南してきて、ソウルで道行く婦人相手に毛織物を編むための竹針を売り始めた。彼は山肌にあった掘立小屋から通学していたが、切なさに、大学路にくると「神よ、人生ってこんなに苦しいものでしょうか」と独白した。

研究室は憂うつであったが、貴重な場所でもあった。ひとり静かに勉強できる部屋でゼーレン・キルケゴールに向かった。ドイツ語のテキストを手に日本語訳を参照しながら、「人間が立派であればある程、それだけまた彼は自分の罪のために悩むのである」といった箇所に線を引きながら読み進んだ。彼はいう。「私にもしも思想というものがあるとすれば、それはこの時、キルケゴールを読むことから始まったといえるかもしれない。」

彼はキルケゴールをどのように受けとめたのか。池の著書『韓国と韓国人』（二〇〇四年）にはこうある。「『自己に絶望すること、絶望して自己自身を脱け出ようと欲すること、これがあらゆる絶望の定式である』と書かれている『死に至る病』は私自身のことについて語っているようにすら思えた。……キルケゴールの一八三五年七月九日の日記にあるつぎのようなことばが胸にささって抜け出ようとしなかった。『一本の孤独なもみの木のように、私は、自分だけに閉じこもり、天に向かって立つ。影さえも落とさず、山鳩だけが私の枝に葉をつくる』。こうしてキルケゴールに溺れている毎日であった。」

ハンナ・アレントのキルケゴール論を手引きとすれば、さらにこのときの池の内奥を次のように想像できるかもしれない。「キルケゴールにとって、主体的たらんとする情熱は死の不安を自覚することによってはたらきはじめるようになる。」絶望的な生活の先に死を想うことが「行為」となる。つまり世界からも、他者とともにある日常生活からも、自己を切り離す死という出来事を想うことが主体的であろうという情熱を働かせるようになる。ここから瞬間を真剣に受けとめようとする「キルケゴールに始まる熱狂的な決意」も生じる。「実存すなわちリアリティを保証するのは瞬間だけだからである。」

池は絶望し、真剣に生きんとした。周囲の状況を考えるとき、「死を始点とする新しい真剣な生への取り組みは、……生や人間の実存それ自体を必ずしも含意しない。実際、ニーチェ、そして彼にならってヤスパースだけが、そうした肯定を自らの哲学的思考の根本に据えた。」（アレント。あとでふれるように彼は後年にはヤスパースの弟子のアレントに惹かれていく）

池がキルケゴールのあとカール・ヤスパースに取り組んだかどうか、自伝からははっきりしないが、ヤスパースの哲学が彼を励ました可能性を考えておくべきであろう。ヤスパースの場合、主体的になることは哲学の外へと向かうことであった。魔術も古典主義も嫌ったヤスパースは、現象学のフッサールのいう意識の分析を拒けた。池の場合も絶望にとらわれつづけながらも、この限界状況を生き抜くこと、哲学する意味を過去や未来への逃避ではなく、現実に直面することだと言い聞かせようとしていたのではないか。この事情を推測するならばヤスパースが『哲学への道』で述べた次の一節が彼の内面世界に近似していたかもしれない。

「この世界のなかにあって、この世界の苦をなめ、この世界のなかで愛しつつ理性の道を見いだすこと、思想を活動させること、これこそ哲学それ自身の真理性を決定する試金石なのであります。」（草薙正夫ほか訳、一

九八〇年）
ヤスパースは人間が自己のみを生きるうえでの直接の対象としてしまえば、他者の存在を見失うばかりか、自分自身のうちにも何も見いだしえなくなる危険を指摘しているが、池はこの時期、他者の存在も含めて人間とは何ぞやという問いかけをしつつ、希望を、すなわちヤスパースがいうところの神性が現象してくることを待ち望んだのであろう。

神性についてヤスパースの語るところはこうである。

「カントとともに、自分自身を越え出て《私は何を希望しうるのか》と問うだけでは、もはや十分ではありません。人間は、彼に欠けている確信をこれまでより一層決定的に渇望しています。それは、永遠なるものが存在するということ、彼をしてはじめて彼自身たらしめもするような存在が存在するという確信であります。神性が存在するならば、あらゆる希望もまた可能となるのであります。」

池がヤスパースのこうした主張に鼓舞されるであろうことは十分想像されるが、彼のその後の人生を考えるうえでヤスパースの哲学につき強調さるべきことは、前述の他者との関係、交わりの問題である。ヤスパースの哲学的思索を一貫するものは、それらが交わりを促すものか、阻むものか、それらは孤独への誘惑者なのか、交わりへの覚醒者であるのか、という問いであった。これにたいし、ヤスパースは、「個々人は自分だけで孤立しては人間となることができない……他の人と共同するときにのみ私の姿は相互に開示し合う運動のなかで明らかになりえ」るという。

朝鮮戦争のなかで

朝鮮戦争が勃発した一九五〇年六月二五日は日曜日で、大学の三年生になっていた彼はいつものように研究室でキルケゴールに沈潜していた。帰り道、東大門近くを通りかかったとき、二機の戦闘機の機銃掃射の音を聞いた。大学は二七日から休講となった。彼は母親を残して漢江を船で渡り、とにかく南下した。

翌朝、対岸のソウルには北朝鮮軍の砲声が聞こえた。馬山《マサン》付近まで来たとき、一緒に南下をつづけていた親友の蔡ともども「国民保衛軍」につかまり、池は軍に引っぱられ、蔡は健康上の問題で放免された。「河原を列をなして連行されていく私と、土手で棍棒で殴られて見送る蔡在善の姿。このような人生を生きる絶望をかみしめた。」池は、イデオロギーとは一体何のためのものであるのか、痛感しないではいられなかった。無二の友人はこの離別の二年後、戦争のなかで死んだ。二七歳であった。

池は釜山の一角の東萊《ドンネ》にある国民防衛軍の訓練所で炊事当番を始めたが、自らの姿に耐えられず、第一線に立つべく将校を志願しようと思った。しかし、大学の同期生であった訓練所の所長副官などから思い止まるよう説得され、その後、大邱《テグ》の第三警備隊に入隊することになった。ここでは軍隊につきものの捕虜の処刑やら、自軍の逃亡兵の銃殺やら、いたたまれないことがあった。とくに逃亡兵の銃殺の一部始終は彼の目に焼きついて離れないものとなり、戦争の残忍さを考えるたびに、「私はいまでも時たまこういういわゆる『民族相残』の時代を生き延びてきた自分はまともな人間だろうかと、思ったりする」という。

彼が二五歳のときに勃発した朝鮮戦争は長期化の様相を見せた。五一年六月、彼は通訳将校を志願し、陸軍中尉になった。主に東海岸の最前線に駐屯していた第三師団で勤務し、五五年七月に除隊するまでのあいだ、高級将校の見苦しい所為や軍隊の不合理な生態を見聞したが、この体験が彼の軍事支配を考察し、批判する上での基点となった。池はこう述べている。

「戦場とはどこでもそのようなものであろうか。こうして生きることが、そこではまるで正常な生き方としてまかり通る。他人には厳しく、自分には甘い。わが身の延命が最優先である。実はこのような戦場体験によって一九六一年、軍事クーデターが起こった時、私はこれは韓国現代史においてもっとも不幸なことになるに違いないと思った。あの軍人によって正しい政治など可能であるはずがないと思えたからであった。」

信仰への回帰

彼にとっての朝鮮戦争は信仰・神学への回帰をもたらす出来事でもあった。解放前から日本統治下の教会には足が遠のいていた。解放後、一時、教会に戻ったが、共産主義支配の中で多くの人たちと同様に教会を離れることになったし、一九四七年の越南後には訪ねようともしなかった。しかし、最前線の生活を送るなかでテントのチャペルに出席することは心をなごませた。戦争の意味を考えさせもした。そこで、アメリカ人の軍事顧問に頼んで、大学時代以来、読みたいと思っていたラインホルト・ニーバーの『人間の本性と運命』をプレゼントしてもらった。

ニーバーは『道徳的人間と非道徳的社会』において、希望は絶望から生まれる、新しい社会は破局から生まれる、と論じていた神学者である。ニーバーは安楽な特権をもっている階層の「進化論的千年王国説」にたいし、あるいはブルジョア的社会進化論が革命的な発想を受け入れないのにたいし批判をくわえ、今日の社会の残虐に苦しんでいる民衆にとり「宗教は絶望の縁に立てられた希望の城砦である」と説いていた（池「韓国思想史における民衆の神学」『福音と社会』〈農村伝道神学校紀要〉第一八号、一九八八年一〇月)。

彼は六〇〇頁余の『人間の本性と運命』を一九五三年五月二五日に贈られるやこれを朝鮮戦争休戦が実現する二〇日前に読了、大きな慰めと励ましを受けた。戦場において非人間的にならないですむためには信仰がなければならないことを強く感じたのである。

感激した彼はアメリカ人将校の軍事郵便に託してニーバーに感想を書き送った。ニーバーからも返事がきた。何度かの手紙のやりとりのあと、ニーバーから『キリスト教的リアリズムと政治的問題』という本も届けられた。自分の弱さは神に任せ、通訳将校としての日常任務に意義を見出そうと決めた彼は、アメリカ軍参謀に韓国軍兵士の補給のために尽力してもらうなど、戦線における兵士の待遇の改善に努めた。

池は従軍中のみならず、その後も折にふれ、ニーバーをひもといているが、ニーバーについては、彼の知的評伝として興味深いチャールズ・C・ブラウンの新版『ニーバーとその時代』(高橋義文訳、二〇〇四年)が手がかりになる。

ラインホルト・ニーバーは、一八九二年、米国ミズーリ州に出生。長年にわたりニューヨークのユニオン神学大学院で教え、一九七一年にマサチューセッツ州で死去した。パウロをしばしば引用して「わたしたちは途方に暮れても失望せず」と説いていた。ニーバーはキリスト教現実主義の代表者として専門分野にひきこもることなく、多くの問題に目を配り、「われわれはみな、古のアブラハムのように、行き先を知らないで出て行く。人間の歴史のドラマは、神の摂理とわれわれの決断によって決定されるのである」と述べていたが、彼のキリスト教現実主義はこうした姿勢の上に展開された。

このキリスト教現実主義とは、過度の楽観主義と過度の悲観主義との双方を避けつつ、人間として努力する立場である。ニーバー自身の言葉では、「この時代もしくは他のいかなる時代でも、その道徳的苦闘から生じる何らかの社会秩序が、キリスト教信仰で言う神の国に接近していくと考えるべきではない。その王国は……決して達成されることはない。……活力あるキリスト教は超越的な神を礼拝するが、神の意志は歴史の中では決して完全に遂行されることはない。しかしキリスト教は、同時に、歴史の中で神の意志を実現するよう試みることも要求する」ということである。

ニーバーは一九三〇年代後半にキルケゴールに出会い、キルケゴールが「私の命題は、主体性すなわち精神性が真理であるということだ」といったその精神性に注目した。キルケゴールは、「絶望とは有限な自己の視点から世界を把握しようと試みることの究極的な結果であり、信仰とは絶望の対極にある可能性である」と書いているが、ニーバーも池も可能性としての信仰を探っていたときに、ともにキルケゴールにふれたのである。

今少しニーバーに言及すると、聖書は神の位置を奪いとろうとする人間の努力も（宗教的に）罪であり、また、傲慢な者がその権力をもって他者に不正義を押しつけようとする企図も（道徳的に）罪であるという。ニーバーはこの罪の意識にもとづいて主著『人間の本性と運命』の結語に次のように書いている。池がこの書に慰撫されたのはまさにこうした運命観であろう。

「人間の運命が真に見出されるのは、自然や歴史の流れから逃れる努力や、それらの中に早まった成就を見出す努力にではない。それは、神の苦しみの参与があるゆえに歴史的苦闘を意味のあるものとして受け入れることと、命も死もその他のいかなるものもわれわれをキリストにおける神の愛から引き離すことはできないという信頼と、さらには『悔い改めがわれわれの希望を破壊することなしにわれわれの傲慢を軽減する』謙虚な知恵の中に真に見出されるのである。」

なお、ニーバーの有名な祈りに、「神よ、変えることのできない事柄については受け入れる冷静さを、変えるべき事柄については変える勇気を、そして、それら二つを見分ける知恵をわれらに与えたまえ」というのがあり、次の警句とともに記憶に残る。「人間の正義を行う能力は民主主義を可能とする。しかし人間の不正義への傾向は民主主義を必要とする。」私（堀）の好きな警句である。

ニーバーはまたマタイによる福音書六章三四節「あすのことは思いわずらうな。あすのことはあす自身が思いわずらうであろう。一日の苦労は、その日一日だけで十分である」を重視する。この言葉は、われわれの責務には、その歴史的な成就や正当化への考慮なしに、それ自身で神の目には本質的で絶対的な有効性があるということであろう。

ところで、ニーバーは多面的にものごとを判断できるリアリストであった。経済的問題の論議においてもその特徴を発揮し、こう主張している。「われわれは……純粋に、飢餓に対する人道的関心やヨーロッパにおける政治的自由の確保への関心にせまられて援助をするわけではない。……われわれは、自分たちの経済の健全な活動のためにも援助すべきなのだ。……たとえ孤立主義者がどれほど激怒しようとも、マーシャル・プランが承認されることを期待する権利がわれわれにあるのは、国益の動機が寛大という動機と一致するからだ。」

こうしたリアリズムと、池が当初は反対していた日韓基本条約締結につきのちに同条約の意味を経済的成果の面から評価したことには通底するものがあろう。

彼がニーバーを読んだのは前述のように朝鮮戦争のときであるが、この戦争につきニーバーは、「われわれが直面している危険は、何十年にもわたり、いわゆる『自由』世界の可能な限りのあらゆる道徳的政治的資源を要求する、長く続く勝負のつかない戦いである」と書いた。共産主義勢力との闘いを支持したのであるが、アメリカの行き過ぎに警戒をうながしてもいる。「超大国は、あまりに強大であるゆえに敵に滅ぼされることはない。しかし、彼らは、自分自身の傲慢によって容易に打ち負かされる場合もある。人々は、わが国が、この重大な時期、古代の預言者たちがそこにバビロン破滅の兆しを認めたと同じ高慢にかなりの程度誘い込まれているのではないか、という不安を抱いている。」

若き日の池がこのような議論に示唆されたことは確かであろう。池は次のようにいう。「世界の動きや事件を、主として冷戦と核兵器下における共存というフレイムで考えるとすれば、……それは両大勢力に分割されて世界がうめいてるのに、それをそのまま維持しようとする論理になる。ひっきょうするに、それは持てる強大国の論理であると言えはしないか。」冷戦下に強大国が現状維持をはかりつつ、ただ共存を唱えるのは真の意味における平和ではなく単に休息に過ぎない。後進国にとり、この現状維持策はいかなる意味をもつのか。「現代において歴史がこのまま停止するとすれば、その中で不幸である国々や人々が多数者であるという現実をもっと深く考えねばなるまい。」

池はさらにベトナム戦争にふれて、これがアメリカの国家利益という視点から多く論ぜられることに比し、「アジア自体の苦悩の問題として考慮されることはあまりに少ない」ことに注意をむける。キリスト教倫理は、冷戦がつくりだした大国のための現状維持的共存を批判し、アジアの苦悩に、アジア人の必要と状況にたいして責任を負うべきであると。アメリカは、「冷戦の条件の下で、いくたの国家においてそれが施行した政策のためにその国々で将来起こって来る事態あるいは不幸に対して責任を感じないでいいのであろうか」と。池はこのように糾弾するが、不幸を蒙むるこれらの国の一つが韓国であったことはいうまでもない（池「アジアと神学の諸問題」『アジア宗教と福音の論理』一九七〇年、所収）。

ニーバーについて付言すれば、彼の著作の魅力は、「超自然的な存在に何の決定的な信仰も持たない人々でさえ、経験や歴史に対する自らの解釈に新しく意味のある次元を発見するように、キリスト教的洞察が否応なく現代の経験に妥当するものであるという仕方で、キリスト教的洞察を言い直すことに成功していることにある」（アーサー・シュレジンガー・ジュニア。なお彼のニーバー論については A. M. Schlesinger. Jr. *THE*

POLITICS OF HOPE. 1962. 参照）。先回りしていえば池の著作の場合もまさにそれで、彼の闘いのなかから生まれた解釈や洞察が非信仰者にも出来事の新しい意味を発見させるのである。

ニーバーに多く頁を割いたのは池もまた、ニーバーの生き方を多くの面で摂取し、人間の行動を神への信頼に織り込もうと努めてきたことにあらかじめ注目したいからである。

四・一九学生革命に直面して

朝鮮戦争での軍・民間双方の死者は二五〇万人を超えた。戦線にあって自らの退廃を恐れ、祖国の未来に暗い影を見ていた彼は休戦が実現したとき三〇歳になっていた。朝鮮戦争によって一三〇〇年来、統一を守ってきた民族の分裂は固定したものとなった。彼は「朝鮮戦争がもたらした最大の後遺症は南北ともに統一への希望をほとんど断念したことにあるのかもしれない」と考えた。

一九五六年、予備役に編入され、女子高で英語を教えながらソウル大学大学院に進んだ彼は、修士課程を終えたあと、一九六〇年九月、徳成女子大学にて哲学を講じるようになった。

この一九六〇年という年、日本は日米安全保障条約の締結をめぐり大きく揺れたが、韓国でも大きな政治的変動が生じた。四・一九学生革命である。三月の大統領・副大統領選挙での不正を追求する学生らの力により李承晩は四月二六日、政権から追い出されたが、池は越南した者として李承晩の政権を支持するのが筋だと思っていたし、また、宗教を中心に西洋思想を研究したい気持ちも強かったのでこうした動きを傍観者的に見過ごしていた。これはその後の彼の政治的姿勢とは対照的なスタンスといえた。

「一九六一年から軍事政権が現れると、私（池）はそれに強く抵抗し始めるからである。……私は政治権力に対して厳しくなってきた。特に軍部独裁政権に対しては。アカデミズムとでもいおうか、それに固執しようとした姿勢を、私は間もなく振り捨ててしまった。そしてジャーナリズムをできる限り利用しながら、権力を敵に回して戦うようになってきたといえるかもしれない。私の姿勢のこのような転換が一九六〇年の四・一九革命の衝撃によって引き起こされたと思っている。」

池は月刊『暁』一九六〇年六月号に社会参加を表明する一文を書いた。「プロテスタントの四・一九」と題し、李政権に寄生してきた観の強いプロテスタント教会を批判するとともに、アカデミズムを標榜して一身の安泰をもとめようとしていた自身を責めた。ここに彼のその後の歩みが宣言された。

このような契機の一つにはアルバート・シュヴァイツァーの『文化の没落と再建』を韓国語に訳して出版したことも考えられる。出版は一九五九年三月のことであるが、翻訳にさいしてシュヴァイツァーからもらった手紙にはこうあった。

「……世界のすべての人間にとって一層人間的な人間になるということが問題である。深い人道が真の文化である。……」

また、池は、「キリスト教は世界のできごとについて説明してくれるものではない、なぜ正しい人が苦しまなければならないか、なぜかえって悪しき人間が栄えるか、またはなぜ戦争が起こるかを説明してくれるのではない」ということ。「信仰とはそのような矛盾を耐え忍んで生きる力を与えてくれるものである」ということ。こうしたことをシュヴァイツァーに教えられたのである（『勝利と敗北の逆説』一九九〇年）。

四・一九革命から一年後、一九六一年五月六日に起きた軍事クーデタは彼には予想もつかないものであった。韓国は歴史的に文官支配の国であったからである。しかし、李政権が倒れたあと、政権を担当する求心力がないまま、民衆の欲求は街頭にあふれ出していた。大学人の無能が叫ばれ、世間には腐敗した社会を立て直せるのは軍人たちだとの声もあがっていた。

蹶起した一部軍人は最初張都暎《ジャンドヨン》陸軍参謀総長を担いでいたが、やがて張は追放され、朴正熙《パクジョンヒ》少将が実権を握った（その内幕ならびに軍政の進展については、金炯旭『権力と陰謀』一九八一年、など参照。金は朴らの仲間であった。金のことは後出）。朴らの宣伝した旧悪一掃、民生苦の解決などの声明に大学生も期待を寄せたが、ソウル大学の宗教学科の非常勤講師もつとめていた池は、軍人による権力支配にたいし、ニーバーを引用しながら徳なき力は暴力に過ぎないと教室で語っていた。池は、前述の女子高で二年半教師をつづけ、退職させられた校長に代わってその椅子についていたが、辞職を余儀なくされた。非常戒厳令下、六月三日にはソウル大学の講師もやめさせられた。

軍事政権による教育支配の結果、彼はジャーナリズムで生きていくことになったが、言論の場を与えたのは故郷の先輩で生涯を通じての親友鮮于煇《ソヌフィ》であった。一九六四年当時、『朝鮮日報』の編集局長をしていた鮮于は、故郷の定州普通学校（小学校）の二年上級にいた正義感の強い秀才である。かつて鮮于が京城師範学校の本科を終え、一種訓導として母校に帰ってきたとき、池も同校に二種訓導として戻り、二人は宿直室に寝泊りしていた。鮮于も越南し、志願して政訓将校となり、除隊後は『韓国日報』の論説委員になった。彼はその後『朝鮮日報』に移ったが、池は鮮于と二人三脚で人生を歩んできたというか、鮮于をモデルにして生きてきた。

彼は鮮于から執筆を勧められ、『朝鮮日報』や雑誌『思想界』に、五・一六軍事クーデタは民主的革命である四・一九学生革命の否定である。軍事政権が四・一九革命を継承していると僭称するのは間違いである、と筆陣を張った。その後もさらに激しい言葉遣いで彼は軍事政権を叩いたので逮捕は避けられないように見えた。

こうしたとき鮮于は賢明にも『東亜日報』に連絡し、同様の論調の記事を他の執筆者たちに数多く書かせ、おかげで池は難をのがれることができた。鮮于は後日（『朝鮮日報』の主筆時代）よくこういっていたという。「ゲリラ戦法だよ。時には彼らの指示通りに社説を書いてやらざるをえない。そんな時、論説委員たちはためらう。だとすると私が適当に書いてやるよ。乱世を生き抜くってそんなものじゃない」か、と。

その後の歩みの中で彼は鮮于のこうしたタフな生き方に示唆されたことも多々あった。彼は鮮于やその同僚たちと酒を飲んで気炎をはくことに痛快味も覚えていた。これはたがいに「心を組むこと」なしに乱世は生きながらえないことを承知しての所為だが、やはり「異常な時代における異常な生き方であった。」

一九六四年七月、前述のように当局の命令で高校の職もソウル大の講師職も退いたあと、池にはいくつかの教育機関から非常勤の口が差しのべられ、秋になると月刊『思想界』から編集主幹として迎えられた。『思想界』は日韓条約反対運動の先頭に立っていた雑誌で、ソウルの中心、鐘路に陣取り、主要な大学の教師たちのたまり場でもあった。

『思想界』の社長は張俊河《チャンジュンハ》で、一九四三年に滞日中、学徒兵として召集を受けるや中国に逃亡、重慶にあった臨時政府に合流した。張は四五年一一月、帰国し、金九主席の秘書をつとめた。張は亡命愛国志士で、かつての中国の原野の冬を忘れまいとして真冬でもオーバーや下着なしで過ごしていたカリスマ的存在であった。

池にとり、張は出身も同じ平安北道で、かつて勤務したことのある私立小学校の先任教員でもあったが、両者のつながりは大義によるもので、彼は小さな感傷を抑制した張のうちに「人生において出会ったもっとも高潔な人格」を見出している。(なお、張や後出の金芝河《キムジハ》らの論稿は藤明編『韓国知識人』一九七四年、参照)

張は朴正熙を「盗賊頭」と呼んで投獄されたり、朴の「維新憲法」を改正する運動をしたかどで一五年の懲役を宣告されるなど戦いの人として終始したが、七五年八月、登山中、不慮の死を遂げている。

朴の軍事クーデタ後も張俊河のような民主人士の戦いは存在した。しかし、それは徹底的に抑圧された。池は日本のキリスト教雑誌『福音と世界』一九七一年七月号に「六〇年代の韓国知識人」と題した一文を発表、当時における韓国知識人について、前述の四・一九革命（これには大学教授団も街頭デモに参加した）を経て、六一年の五・一六軍事クーデタ以後、知識人は後退したと論じた。

軍事政権による抑圧を前に抵抗をした者も挫折し、敗北感・無力感を味わうなかで一部には金芝河ら若い抒情詩人たちのように悲壮な覚悟で「血にまみれた葡萄」「行動の詩」をと叫びつづけ、「歴史を開こうとする殉教者的な姿勢をはらんでい」た人々も存在した。しかし、このような少数者を例外として、六〇年代後半、反知性主義の支配する時代に、知識人たちは「非知識人化」した。韓国社会に現われた近代化の波、消費経済の抬頭にまみれ、知識人たちも小市民化し、自己保存の本能に左右されたのである。

池は自らがそう生きてきたように知識人に役割を課す。それは、一九六四年にソウル大学の学生たちが知識人に期待したそれである。「いかなる社会においても、その社会の知性人たちは、大衆を精神的に導くべき義務をもっているのだ。彼らは、大衆に対して社会の進路または運動の方向を指し示すべきである。」こうした期待はしかしながら挫折と、他方における物質的享有とのなかで体制内化した知識人には聞き届けられない。「残っている者」として戦いを継続していた学生勢力は知識人を批判する。六九年九月の朴大統領による改憲の試みに反対して高麗大学の学生たちは訴えた。

「こびへつらうことによって腹をこやし、百姓のあしたをほうむろうとしている葬儀屋よ、行け。ひまな、裕福な商人、支配階級の忠実な護身兵たちよ、行け、あのゴルゴタの渓谷に去って行け。無気力な筆先は無気力な百姓を、……つくるだけではないか。われらは言論まで挫折し無気力になり、ただこびへつらうことに余念のない今日の韓国の現実に対して大声をあげて泣く。」

学生たちの孤立無援の戦いは七〇年代に入っても変わらず、知識人は告発されつづけた。七一年三月、政府により軍事教練の実施が発表されたとき、学生は叫んだ。「昔の君主時代においても、史官は事実の報道に死力をつくした。……憲法において民主主義制度を採択している韓国の言論の態度は果たしてどのようなものであるか。今やわれらは疲れはてた。どうして彼らが知性人と名乗ることができるであろうか。」

池もまた知識人の背信、社会的責任の放棄に反省を促してやまなかった。「確かに今日の韓国の知識人たちは、この時代に安住して民衆の不信を買っている。彼らはその道をどこまで行こうとしているのであろうか。彼らはこの厳粛な歴史の問いの前に、今日もあしたも立たねばならないであろう」と（池『韓国現代史と教会史』一九七五年）。

先に進みすぎたが、彼は『思想界』にあって知識人の殉教者的戦いを呼号したものの、現実は荒涼としていた。こうした状況下、張社長により池ら三人の社員は日本を見てくるようにと送り出された。これからは日韓条約の時代を生きていくことになるのだからというのが張の判断であった。

東京訪問とアメリカ滞在

彼らは一九六六年一二月一一日、東京に降り立った。池には四二歳にして初めての日本訪問であった。東京から大阪・京都・奈良へと旅したが、彼は古都の美しさばかりか新幹線の車窓から見た山河、整然とした田園、工業発展に感動した。灯火管制のない夜には自由が実感できた。また、新教出版社の秋山憲兄社長に案内された信濃町教会ではその後長く交際することになる森岡巌新教出版社編集長、小川圭治東京女子大学教授との出会いがあった。

池は「この一〇日間の日本訪問によって、私の人生の後半部が決定的に運命づけられたといってもいいであろう。これは宿命的なこと、キリスト教的にはこういうことを神の導きによるものというのであろう」と述べているが、まさに予想もしなかった日本体験であった。

帰国した池は心機一転したかったのか、古巣の徳成女子大学に復職を打診した。学長は直ちに受け入れてくれたばかりか、彼にアメリカ留学をうながした。そこで朝鮮戦争のさなかに手紙をやり取りしたラインホルト・ニーバーに連絡すると、ユニオン神学校の学長に推薦してくれ、六七年九月、渡米することになった。

韓国中央情報部（ＫＣＩＡ）には出発前の一時期、毎朝九時から午後五時まで出頭を命じられるなど嫌がらせを受けたが、『朝鮮日報』の鮮于煇の尽力でこうした状態から解放され、ニューヨークに到着した。ハーレム街を通ってユニオン神学校の寮に向かうあいだにもアメリカ社会の一端が目に飛びこんできた。

アメリカにたいしては歴史的に、また宣教師の活動を通して、さらには朝鮮戦争を共に戦った関係からも善き国との幻想を抱いていた池ではあるが、それが急激に崩れていくのを感じた。「アメリカに留学して感じたのは、アメリカは世界の一〇〇以上の国の中の一つとしてしか、韓国を見ていないということ」に気づいたのである（池「韓国現代史と日本—一九四五年から今日まで—」桃山学院大学総合研究所『国際文化論集』第三三号、二〇〇五年一二月）。それは日本との出会いで敵としての日本というイメージが消え去ったのとは対蹠的な感覚であった。

もっともユニオン神学校での生活自体には充実感をおぼえた。彼はアジアの近代化と宗教の問題を考えるためにイスラムの事例について勉強した。また、ポール・レーマンの教室で学んだキリスト教倫理と良心の問題はその後何度も反芻することになった。レーマンは「コイノニア（交わりのこと—堀）は良心の進歩のために支払うべき代価である」と教えていた。

池は、また、後年、「『人間の生活を人間的であらしめること』が神の意志である。そしてこの意志にそうべく努めることがキリスト教倫理、彼のいうコイノニア倫理の課題である」と述べているように、神学は具体性をもたねばならないことをレーマンから学んだ。

これはアジアの地にあっては現在のアジア人の必要と条件を神学的考慮のなかに取り入れることが大切であるという認識である。それはヴィルヘルム・パウクが語った、神学の「目的は、与えられた時間と場所における人間の必要と条件に対して、それに相応する聖書的な意味を与えることである」という神学の担うべき時代性を引き受けることであった。

一年間にわたる滞米中、彼は衝撃的な出来事に遭遇した。六八年四月四日のキング牧師の暗殺である（なお九月五日にはロバート・ケネディ大統領候補が暗殺される）。彼は四〇日後に『朝鮮日報』にキング暗殺について寄稿し、アメリカの良心が死んだと語る人々のあいだから、キングを殺したことへの羞恥心が芽生えるかもしれないと論じた。（ちなみに、同年四月六日、著名なアメリカのコラムニスト、ジェイムズ・レストンが「キング牧師の叫びはどこへ」の一文で、暗殺事件の真の犯罪性を論じている。『アメリカ、アメリカよ』河合伸訳、一九八九年、所収、参照）また、ユニオン神学校の黒人教授ラルフ・リンカーンの語るアメリカ黒人の悲劇も書き送った。彼はさらにテネシー州メンフィスのロレンヌ・ホテルというキングが殺害された場所も訪ね、ホテルにある小さな花崗岩の石碑に「あの夢見る者がやって来る。さあ彼を殺して……彼の夢がどうなるか見よう」という創世記三七章一九―二〇節の言葉（ヨセフの兄弟たちの言葉）が刻まれていたことなどを『朝鮮日報』に載せた。

留学終了時、彼は徳成大学のはからいで、ヨーロッパ、パレスチナ、東南アジアを見て回り、日本にも一カ月滞在することができた。帰国したのは六八年一二月一八日であった。アメリカ体験と、その帰途における日本での多くの人との話し合いが、彼に大きな変化を生み出していた。「……私はおぼろげながら、東アジアまたは北東アジアの運命のようなものを感じ始めたのであった。ひそかに心の中で僅か一年のあいだに私はものすごく変ったものだという気がしてならなかった。」そして、日本で自由な雰囲気のもと、さらに勉強したいという願望に強くとらわれた。

朴正熙大統領は一九六九年に憲法を改正し、一九七一年四月には三選を果たした。翌七二年一二月には南北の話し合いのための基盤づくりと称して統一主体国民会議を設け、あらためて自身を大統領に選出させた。半永久政権をめざした朴と日本の親韓勢力との癒着は批判的知識人の話題にのぼったものの、「十月維新」クーデタと呼ばれる戒厳令下の強権政治に正面から声をあげることはできない状況であった。

七二年二月、彼は東京大学への留学を考えた。東大側で受け入れに尽力したのは隅谷三喜男教授らで、とくに隅谷にはその後公私にわたる支援を受けることになる。公的な面では、隅谷三喜男の『韓国の経済』（一九七六年）がその一つである。同書は韓国では地下運動をする人びとによって翻訳され、民主化運動のための聖典のように読まれたというが、同書の執筆を依頼したひとりである彼は、隅谷への追想のなかで次のように述べている。

「それはいくら学問的であったといっても、戦いのためのテキストであり、現実に対する告発であるという性格を持っている。今日の韓国の社会と経済をあれほど憂えた著作を知らない。世界経済の変遷、いまも疼く南北朝鮮のこと、そして韓国経済の病いを考えながら、今でこそ読み直すべきなのかもしれない。韓国を愛し、南北朝鮮のことを憂えた日本の良心的知識人の書として。」（池「隅谷先生の思い出」『隅谷三喜男著作集第四巻』月報4、二〇〇三年七月）

さて、彼の日本での滞在は韓国に残していく家族のことを考えると経済的にはかなりの冒険であったが、また鮮于煇に励まされた。池は丸山真男の『日本の思想』を読んで感動し、中江兆民の生き方に漠然とながら関心を抱いていたので、鮮于にむかって「私は日本に行って近代日本の強権政治に抵抗したり、そのために苦悩したりあるいは屈服したりしながら生きて来た日本の近代知識人について勉強したい。それから……今悩みながら生きている韓国知識人の歩みについて勉強して本を書き上げたい」といった。これを聞いて鮮于は「今は発表できなくても、いずれ発表できる日が来るだろうよ」と背中を押してくれた。一九七二年一〇月三一日、鮮于の尽力でパスポートを手に入れた彼は金浦空港から飛び立った。池四八歳のときである。

韓国民主化運動への参加

来日して一カ月も経たないとき、ソウル大学の後輩の呉在植《オジェシク》が彼の居所である文京区小川町にある富坂セミナーハウスに突然現われた。アジアキリスト教協議会の幹事である呉は東京に駐在して、労働運動の支援に従事していた。呉は単刀直入に切り出した。東京にいるわれわれは韓国内の民主化運動を支援し、世界にその様相を知らせ、世界から助力をかちとろう。世界の教会のネットワークを動員することもできる。この運動に参加すべきだ、と。

池はこの提案を却けることができなかった。このときから、東京での生活は韓国の民主化のために戦うそれへと全面的に変わった。池は、聖書のなかでは「万事を益となるようにしてくださる」というローマ人への手紙の言葉が何より好きであるというが、それは偶然に左右されてもそのことに不満を抱いたことはない生き方を意味している。

この決断は池の母親がよく口にした、また、彼自身が息子たちのために口にしてきた、神が万事を益となるようにしてくださる、試練に楽観的に立ち向かえという教えを実践したのである。彼はいう。

「『神を愛する者たち』は神への絶対的信頼から、今の状況がどんなものであろうと、神が『万事を益となるようにして下さる』という信念をもって生きるのである。これは、歴史に対する徹底した楽観論であるといってよい。それでいまの苦しみも悲しみも超えられる。決して運命にめげることがない。苦しみや悲しみを試練と考え、それが明日のための祝福、恩寵であるとさえ考えるのである。ここに人生に対する強い肯定と積極的な生き方が生まれる。……これはすばらしい人間肯定であり、全人類史の肯定である。今の戦争、悲惨、罪悪を超えて、はるか彼方に平和と正義と愛の日を望みながら、万事が益となるように神と共に働くのである。信仰とはこのような大きな幻想に生きることであろう。……たとえ反動があっても恐れてはならない。神が『万事を益となるようにして下さること』を信じているからである。そのように、世界史を明るくやさしい目、信念に満ちた信仰の目でながめなければならない。」無力をかこって無為にすごすことなどはできないのである、と（『勝利と敗北の逆説』）。

池は与えられた環境のなかで市民的信仰の証しを心がける。その歩みは小さく、時にあやまちを含むそれであってもなお安心のいくものという。

「私の過去を振り返ってみて、その時はこれがなすべき行動であったと思われたことが、今考えると間違いだらけです。しかしそこから日々学んでいきたい。我々の出来ることはごく小さいことです。その小さい業を果していく。すると次の能力が与えられ成長していくのです。」「われわれの間違いすらも神はこの歴史の中で用い給うという神との深い関係に立つ」のである（池「内にありつつ外なる目をもって現代日本を見る」『教会婦人』第三一八号、一九八九年六月一日）。

呉在植の訪ねてきた日から池は日本人のあいだに支援者をもとめた。そして、その輪は次第に広がっていった。それは彼の人柄とともに、韓国の民主化を自らの問題と受けとめた人々がいたことに由る。交際のネットワークのなかでも鮮于煇が紹介した岩波書店の『世界』編集長安江良介との出会いの意味は大きかった。

安江は池に『世界』の誌面を提供して手始めに「ベトナム戦争と韓国」（一九七三年三月号）を論じさせ、その後に現われる「韓国からの通信」の出発点をもたらした。同誌において池は三つのペンネーム、金淳一《キムシュンイル》、李大善《イデソン》、そして安江の命名になるT・K生を使用したが、『福音と世界』誌に書くときは本名を原則としていた。なお、『世界』とのつながりは経済的にも重要で「私（池）は心の中で原稿料という形で私の日本滞在が支えられることに深く感謝していた。」

池は韓国民主化を支援する日本人の代表格に安江を挙げ、こう述べている。「私が何か日本で書くことができたのは、彼によって教えられ励まされたからだと思っている。私が通信を『世界』に書くことによって韓国に帰れず、家族に会えないでいることに彼は常に痛みを感じていた。彼は韓国民主化運動関係でも、私の私的なことがらについても、最大の協力を惜しまなかった。」

情の人でもあった安江とのつながりは一九九六年に安江が死去するまで続いていくが、上記の一節には注意さるべき事柄が含まれている。それは『世界』に掲載した「韓国からの通信」によって帰国できなくなったという点である。その直接の契機は、後述の、金大中拉致事件を青瓦台の筋書きによるものと書いたこと（一九七三年一〇月号）にあろう。この亡命生活二〇年への契機については後出座談会、池発言参照（二二五頁）。

「韓国からの通信」は一九七三年五月号から八八年三月号まで一五年近くつづいた。安江の考えは、日本を発信基地として韓国の状況を外の世界に伝え、日本によるかつての朝鮮侵略への贖罪の一歩とすべきだ。それは、近代以降、日本の朝鮮史にたいする初めての貢献になるのではないかというものであった。あとでその内容を概観するが、「通信」の材料となる韓国の生きた情報は、日本人、アメリカ人、ドイツ人、カナダ人など延べ数百人という友人によって現地からもたらされた。一方、彼らは韓国内にある「先統一・後民主」の動きにたいし南の民主回復が先決であることを関係組織や個人に連絡した。「先民主・後統一」の戦略を掲げて、国内運動の左傾化を防ぐことは、民主化運動を「アカ攻撃」の弾圧から守るために必要であったからである。（「アカ攻撃」云々については、韓国の地下組織、統一革命党などに言及すべきだが、とりあえず参照、金鍾泰ほか『黎明の打鐘棒』同翻訳委員会訳、一九七五年）

金大中拉致事件

「韓国からの通信」（その後、岩波新書の四冊本となった）の雑誌掲載中、日韓関係にも彼の身の上にも重大な影響をおよぼす事件が生じた。七三年八月八日に韓国の有力政治家金大中が白昼、東京の九段下のグランドパレスホテルから韓国の政府関係者によって拉致されたのである。アメリカ政府もこの事件に注目し、結局、金は八月一三日、韓国の自宅前に傷だらけの姿で現われたが、池は「通信」に事件の筋書きは青瓦台（大統領官邸）によるものと書いた（一九七三年一〇月号）。そして、「このことによって私の身の上にも大きな変動が起こることになった。韓国内の友人からも、日本内の友人からも、私は帰国してはならないといわれた。」

友人のあいだでは池の滞在延長のための経済的基盤を用意する動きが始まった。金大中拉致事件は結果的に韓国民主化闘争の世界的ネットワークづくりをさらに一歩押し進めることになったが、不思議なのは金大中自身がこの事件について沈黙したことである。池は今日でも事件の真実と歴史的意味を問いかけているが、それは日韓の友好を進める上でも重要な出来事と認識しているからである。彼はいう。

「何よりも今になって思うことがある。金大中が一九九八年に大統領になり、五年間かつての情報すべてに接近できる位置にあったのにもかかわらず、なぜこの真相を明かそうとしなかったのかということである。」彼はその資料を手にしてただ政争の種になるのを避けて後世のために、歴史のために保管しているのだろうか。

またはそれを明かすことは日韓関係を傷つけることになると思うのであろうか。そのために何かとりきめでもあるのか。一九七三年の金大中事件にたいする彼の今日までの沈黙は現代史における一つの謎であろう。この事件にたいして、私は戦後の日韓関係史におけるその意味をいつか問題にしなければならないと思っている。日本国民が韓国の問題にたいして近代以降これほど人道的関心をしめしたことがあろうか。

この意味でこの事件後、日韓関係には大きな変化があったのではないか。両国は何よりも近くなったし、たがいに共に歴史に立ち向かわねばならなくなった。一九八〇年、全斗煥《チョンドゥファン》政権によって再び金大中の生命が危機に瀕した時、日本でまたもや「金大中を救え」という声が高くなる。このような意味で日韓現代史において金大中は意図せずして大きな歴史的役割を果たしたといえるのではないか。「この歴史に対して、東アジアの未来のために韓国そして金大中はもっと誠実に応える必要があるであろう。」

池がこう問いかけてみても、金大中がすでに世を去った今日、拉致事件の真相について誰がこれに答えるのか。日韓現代史の深い闇の一つとして残ってしまうのだろうか。

さて、韓国民主化運動は韓国内におけるキリスト教勢力から一般的勢力のなかへと伸びていったが、その展開は東京その他世界各地にあって民主人士が世界の世論と世界教会に向けて訴えた努力にも支えられていた。リベラルな人びとのあいだには、韓国のキリスト教勢力こそ「革命的前衛」になりうるのではとの見方があった。朴政権にしてもキリスト教勢力をさして「反政府即アカ」と弾圧をくわえることをはばかるであろうとの観測からである。

しかし、すべての教会が政治的抵抗勢力になるわけにはいかない。池はエクレシアにおけるエクレシオラ（教会の中における小さな教会。Ecclesiola in ecclesia）という、ユニオン神学校時代に学んだポール・レーマンの思想に依拠して戦うことが必要だと考えた。戦う小さな教会を形成し、全体の教会とはつかずはなれずに活動する。大きな教会全体はラディカルな政治行動に出ることができないものの、戦う小さな教会の傷つき斃れる者に痛みを感じ、支えることはできる。こうした論理である。

「韓国からの通信」はこうしたなか、一部ではあるが韓国語に訳され、北朝鮮でも独自の冊子となり、一九七六年にはアメリカ版も刊行された。なお、これより前、東京で池ら三人が協議し、韓国内で一九七三年五月に発表された「一九七三年韓国キリスト者宣言」が韓国教会の運動の「大きな始まりのひとつ」を意味したことも看過されえない。こうした動きにも助けられ韓国の牧師たちは「誇りたかき民」として大統領緊急措置令下の冬の時代に抵抗をつづけたのである。

朴政権下の韓国をどう把握するかについてはいろいろ見方があろうが、池は「韓国からの通信」を執筆していた時期には、あとで見るように、さかんにファシズムなる表現を使用し、朴政権の瓦解後には、これは全体主義国家に至らない独裁国家である、という解釈をしめしている。ハンナ・アレントの『全体主義の起源』（日本語訳は一九七二―七四年）に触発された理解であるが、全体主義では異議や抵抗などは存在せず、唯一人（支配者）の無謬性のもとに人間の尊厳と呼ばれるもののすべての痕跡が消しさられる。朴のもとでは民主化のために戦う労働者や学生らは容易に逮捕されては釈放されるという独裁国家ならではの様相を呈したが、国民の独裁反対の戦いがあり、その戦いが国際的連帯のなかに展開されたゆえに（朴がいかに国家を閉ざそうとしても閉ざすことは不可能であった点）全体主義国家にはならなかったという解釈である。池はこの点において南北朝鮮は違った道を歩んできたとみるのである。

朴政権にたいする韓国の民主化闘争のさなか、一九七九年一〇月、朴正熙大統領は部下の銃弾によって斃れた。この椿事について、池は次のように批評している。「このような世界的ネットワークによって、それこそ一発の銃弾もなしに民衆の革命を成功させることにおたがい協力できたという例は世界史的にも稀なことであると言えるのではなかろうか。」と同時に、「独裁者の突然の死が、民衆の完全な勝利の結果ではないだけに……」（一九七九年一一月号）と留保もしている。

彼のいうように、韓国の民主化闘争はいかに高く評価してもしきれない。そこに払われた犠牲をいくら貴いものといっても言い足りないが、宮廷革命的な暴力によって朴が倒れたことの意味をいかに総括するかは今後さらに考察が必要であろう。

なお、朴が暗殺された直後、池は実に率直な言葉遣いで、「私は七九年一〇月二六日、韓国に政変が起こってから、この『ローマ的けがれ』というものを、またもや日本のマスコミによって見せつけられたような気がしてならなかった」と述べた。これは朴を韓国統一の一種のカリスマと評し、崔圭夏《チェギュハ》首相のもと、反政府勢力をも含めた努力で、一日も早く国民の不安が鎮静されるよう希望するとの朝日新聞社説についてコメントしたものであった。

「ここでは、民主主義を熱望して戦い、拷問を受け、投獄され、限りない痛みを耐えてきた人々の願いは、一つも触れられていない。」このような姿勢はもっとも朝日新聞の社説に限ったことではない。日本のマスコミは強権政治のもとにおける韓国民の痛みや社会の歪みなどをよそに、体制側の動向とこの政変がもたらす日本への影響について探索をたくましくしているばかりであった。日本の外務省官吏は、この横死事件を「小型の二・二六事件韓国版」であるなどとコメントした。

池は、「このような日本のマスコミを前にして私は、被害者意識的発想と自己中心的発想ということばを思い浮かべざるをえなかった。この二つのことがらは一つであることはもちろんである。そして、この二つは長い日本の歴史を通して、特に近代以降日本のアジアとの関連において、不変の要因として働いたものである」と指摘している。（ちなみに、一九四五年一〇月以降の朝鮮半島をめぐる半世紀にわたる朝日新聞の社説については、堀真清「日韓相互認識—『朝日新聞』を手がかりとした日本側の議論」翰林大学校日本学研究所『翰林日本学研究』第二集、一九九七年、の分析がある）

要するに、池はこのような日本社会に見られる権力の側からの、富める側からの視点と事件への対応を、すなわち韓国の政変を見てはそれが日本の権益に影響をおよぼすことを恐れ、韓国の現状維持を念願し、そのために親日派を捜しまわるといった、歴史を支配する側からの対応を、「日本的経験の枠組においてのみアジアの激動を捉えようとする。……日本人は常にその民衆を見落して、権力に信をおき、それに加担してしまうのである」と批判したのである（池『現代史を生きる教会』一九八二年）。

日本のクリスチャンへの問いかけ

前述のように、彼は偶然が人生に作用する働きをそのまま受け入れ、益となるよう努力するが、一九七二年に始まった彼の日本滞在は韓国の民主化のためのみならず、日本の社会にとっても重要な種を播いた。その一つは日本の教会関係者にクリスチャンの在り方について問いかけたことである。たとえば、一九六七年三月二六日のイースターに日本キリスト教団が罪責告白をしたとき、彼は「アジア教会の苦悩—日本キリスト教団の戦争責任告白をめぐって」と題してアジアの諸教会の在り方、わけても日本の教会の姿勢を次のように論じた。

アジア教会は過去において自国主義的な姿勢に支配されてきた。自国の教会と歴史にのみ焦点をあてた告白は、他のアジアの教会の自国主義によって冷淡に迎えられがちである。日本キリスト教団の戦争責任告白は、たしかに自己反省のためであろうが、依然として自国主義的、つまり日本がふたたび憂慮すべき方向にむかっているのを恐れた点に動機をもったもののようだ。日本の教会も過去の苦難のなかで民族的孤立に陥ったことは事実で、韓国教会の歩みに照らしてこの苦悩を共感をもって理解したい。

それには、日本の教会もドイツ教会がシュツットガルト罪責告白でしめしたような「こころからのゆるしを請う」ばかりか、全世界的な交わりの中にある他の教会との「心からのつながり」を確認し、この紐帯に「溢れるような深い喜び」を表明できなくてはならない。しかし、日本キリスト教団の告白はこうしたものではなかった。日本の教会は小さく貧乏で無力なアジアの教会を助け、その自国主義克服の先頭にたたなくてはならない、と。

池がこのように主張したのは、日本の教会を一方的に指弾するためではなかった。日韓の教会が相分れた道を歩みながらも共感にひたり、対話を編み出すことを願ってのことである。そして何より彼自身が、「韓国の一キリスト者として、今度の日本キリスト教団の罪責告白に、罪における紐帯意識をもって参与したく思う」からであった（『アジア宗教と福音の論理』一九七〇年）。

彼は、日本の教会がアジアとの連帯を模索する途を、たとえば「アジアにおける日本の神学教育」という論文で、次のように説いている。

今日のアジアにおけるキリスト教の問題を考えるさい、かつてベルリン自由大学のゴルヴィッツァー教授がユニオン神学校で述べた言葉―「現代における中心的な神学的問いは、神が存在するか否かのような形而上学的な問題ではなく、かえってベトナム戦争に反対するか賛成するかということである」―は、大きな示唆をもつ。「ある時代がいかなる問いを持っているかということは、その時代の性格を端的に現わすものである。その時いかなる答えを出すかということよりは、その問い自体がより極限的な意味を持っている」からである。アジアにあっても時代の課題に立ち向かうことが何より大切なのであり、そのさい、「アジアの圧倒的に非キリスト教的な風土において、キリスト教の言葉をいかに世俗の用語で語るかは重要な問題である。」

このような認識と用意のうえで、池は、アジアのなかでアジアを否定し、軽蔑してきた日本人が、アジアを自己に同化しようとしたり、あるいは支配や収奪を他者の救済と考えるのではなく、あえて他者と同化しようとすることに向かうべきであるという。彼の『現代史を生きる教会』にはこうある。

「日本人の発想におけるアジアへの転換が可能であるとすれば、それは自ら他者と同化しようとすることであり、C・レヴィ＝ストロース的表現を借りれば、自分を否定して、その根底にある自分の中の他者を通して、外の他者と一致することによって普遍を求めることであるといえよう。それは同じ痛みを痛むことを媒介にして、はじめて可能であるとも言えよう。そこにルソーの言う、人間と人間との間における、原体験のようなものが生まれるのかも知れない。それは特権、差別の否定であり、自我の傲慢から抜け出て、大きな相異にもかかわらず、それを認め維持しながらも、根源的に一致することである。」

彼によればこうしたアジアへ向けての発想の転換は、従来の西洋的知性主義や西洋的進歩史観を疑い、また、日清戦争の時に日本人が抱いた義戦意識を否定することにつらなる。義戦意識とは、清国は旧文明を、日本は新文明をそれぞれ代表し、新文明の日本が清国に敗れれば東洋は暗黒に陥る、旧文明を新文明へ同化し東洋を救済しなくてはならないというものである。伊藤博文を暗殺した安重根《アンジュンクン》がそうであったように、虐げられている人々には日清戦争は義戦ではなく、明らかに日本の侵略、東洋の破壊であると思われたが、日本においては義戦と映った。この義戦意識に代表されるような他者の自己への同化衝動を否定的に見直すことが必要である。

これは、こうした見直しが可能となれば、他国の教会・キリスト者が強権政治や差別などと戦っているとき、連帯の方向に少しでも踏みだすことができるのでないかという問いでもある。日本の教会に、「疎外された者を訪ねようとする教会のあり方」をしめして欲しいというのである。

池は日本の教会の聖書的律法主義にもふれている。文字に書かれた言葉を理解する場合、アーノルド・トインビーによれば、ギリシャ・ローマ的方法とシリア的方法とがある。シリア的読み方は、聖典や古典にたいする顕微鏡的な非常に徹底したそれであるが、この方法には欠点が現われる。「与えられた言葉を絶対視するあまり、それが生き生きとした言葉にならない。それでわれわれの人生から書かれたものに行くのではなくて、書かれたものからわれわれの人生にくる。」

「(このようなある意味での聖書的律法主義では)……聖書の御言葉から呼び出されて、それに励まされて人生をどう展開するかということは弱くなる。だから、あまり預言者的にならないんですね。」(池『涙するイエス・キリスト――池明観先生惜別説教』一九九四年八月)

無論、彼は日本の教会を批判的にのみ見ていたわけではない。前述のように、日韓両国教会の対話の可能性に希望を託してもいた。一九六九年四月一〇日、日本の「つぐないの会」が送金した一千万円により、韓国ソウルの南方、水原郡の提岩里で教会再建の起工式がおこなわれた。提岩里は三・一独立運動の起こった一九一九年、日本の軍人により村全体が焼き払われ、メソジストの男子教会員二七名と二名の女子が殺害されたことで知られており、「先烈の血を売って教会を建てることに反対する」との抗議もあった。彼は、このような抗議にもふれ、さらに提岩里をめぐるこみいった問題についても正体をつかむことはむずかしいとしたうえで、ここから両国の教会の対話が生まれることもあろうと期待した。

「……特に提岩里のこの新しき事件によって、韓国の教会が、韓国の一般の人々とは違って日本の教会の贖罪の痛みに対して共感をもって和解の意義に対する理解を深めたことは、両国の教会に対して意外の意味をもつのではなかろうか。これからは、日韓教会の交わりは、つぐないと赦しの問題をこえて、すなおに『共同の対話』を探すことにあるであろう」と(『アジア宗教と福音の論理』)。なお、提岩里を含め、日本軍の教会焼打ちは当時、一七カ所におよんだ。こうした暴挙とその背景については、たとえば、沖野岩三郎「鳥致より京城ま

での途上」『我等』第五巻第五号、一九二三年五月、参照)。

事実、池は一九八〇年代半ばから日韓両国教会の交流が進んでいることを認めている。彼が初めて来日した当時、日韓の教会には交流がなく、日本の教会には対韓国、対朝鮮認識は「ひとかけらもなかった」。ついで三年後に再び日本にきたとき、或る大学で「日本はアジアの問題を考えていかねばならない」と呼びかけたが、ひとりとしてこれに応えようとする学生はいなかったし、教会で話をしても孤独感を覚えるばかりであった。しかし、一九八九年には「今や、意識の面では変わってきていると身に浸みて、感じています」と書くほどの前進が見られた。池の呼びかけに応える人が増えていたのである(「内にありつつ外なる目をもって現代日本を見る」)。

日韓の教会の交流についてふれたので、韓国における恨の問題とキリスト教にも言及しておくと、恨とは金芝河も説明しているように、抑えられた悲しみが蓄積され、暴力によって凝結させられていくことから、「常にカウンター的な暴力として表われてくる可能性を持っている。」韓国において恨を意識化させロゴス化させたのは、池によれば弥勒信仰であり、東学であり、日本統治下においてのキリスト教であった。

無論、日本にも恨が存在したが、意識化・ロゴス化されなかった。それにはいくつもの解釈が可能であろうが、日本には「国内の支配構造において恨が凝結しているのに、別の被支配層を設定することによって、その恨を解毒し、解消させてしまう」しくみがあったし、「アジアの利用」もあった。アジアを侵略して、アジアを服従させることによって国内の不満を発散させようとしたわけである。

恨の存在にたいし、韓国ではキリスト教会・キリスト者が抑圧されたものの立場から明瞭に社会に働きかけたが、日本では教会員が知識人層であり、抑圧にたいする「解放への念願が不在であるという点で非政治化していく。」韓国のキリスト教がヘブル文化の歴史的・終末論的地平に踏みとどまらざるをえなかったのにたいし、日本のそれはヘレニズム文化の宇宙的・形而上学的地平へ移行し、民衆の恨に接触できない宗教的性格があった。池は以上のように見るのである（池と関田寛雄の対談書評「被抑圧の場から神学する——『民衆の神学』をめぐって」『本のひろば』第三一二号、一九八四年六月号）。

なお、韓国の教会については「三　信仰と思想」で取りあげることにしたい。

比較文化史から東アジアの平和史へ

ところで池は各地の教会で講演などを重ねる一方、キリスト教関係の著作をものし、さらには東京女子大学をはじめ福岡の西南学院大学などの大学、市民教室などで韓国の文化史を中心に日韓比較文化論を講じ、学生・市民・専門研究者の蒙を啓くことに大きなエネルギーを費した。日本社会にとっての今一つの重要な種蒔である。

彼の比較文化史論は、一九七九年の著書『韓国文化史』以降、母国の歴史を弁証することに意が注がれ、彼自身が認めているように欠点も内包していた。この弁証史学の狭隘さへの自覚は、申采浩《シンチェホ》（一八八〇—一九三六）、崔南善《チェナムソン》（一八九〇—一九五七）、咸錫憲《ハムソクホン》（一九〇一—一九八九）ら抗日史学の再検討ならびに日本の独特の美にふれたことで得られたが、それまでは日本史と韓国史とを対峙させ、後者により大きな文化的意味を与えようとしていた。ひとことでいえば、壬辰倭乱の前年、一五九一年に日本に送られた朝鮮国書のなかの一句、「嗚呼伐国之聞　仁者所恥聞」にも見られるように、人の国を伐つことを恥ずべきこととする母国の文化にたいし、戦国時代の切り取り強盗は武士の習いとうそぶく日本の文化とを対照させ、武にたいし文の思想の優位を主張したのである。

これは直ちに想像されるように、日本の植民地支配への批判であるとともに、ときの韓国軍事政権への批判を意図したものである。武士・軍人の暴力支配と儒教的文治とを対比し、前者を否定することに意を注いだ結果、自国の歴史、社会、文化の優位性を弁証しようとする民族的な意識に流されていたことも否定できず、この点では一種の対抗史観といえた。

　本来志向さるべきはそれぞれの社会、歴史にあって固有の価値を有するものを尊重し、お互いの文化的教養・理解の幅を拡げることであった。日本の文化は中国から朝鮮半島経由で日本に流入したというように日本の文化の経由的性格をあれこれ言うことではなく、たとえば、日本の美人画に見られる独自の美は日本固有の歴史のなかで評価・鑑賞されねばならず、単なる弁証史学では歴史を正しくつかむことができないと認識することであろう。この自覚を吐露した池の論文「『弁証史学』ということ」は、月刊『韓国文化』二〇〇三年四月号に掲載されている。彼の議論はこうである。

　申采浩は未完の著作『読史新論』（一九〇八年）や『朝鮮上古史』（一九二五年）で、朝鮮民族の偉大さを主張した。申は偉大さの淵源を檀君朝鮮の全盛時代（紀元前一〇世紀頃から五、六〇〇年間つづいたという）にもとめ、この時代には朝鮮民族が中国の揚子江と淮河の地域にまで進出。「支那三六国」に朝貢させ、「朝鮮の教化が支那・匈奴等の各族にひろく伝布していた」と書いていた。

　崔南善は、申と同じく、上古の檀君時代を黄金時代とし、さらに、日本も檀君文化の一翼であると示唆していたが、申と同様、崔も統一新羅以降の歴史、とくに近世の朝鮮の王朝史を軽視し、暗いものと見たことで歴史の矮小化をもたらした。

　咸錫憲は、聖書的歴史観によって日本統治下における朝鮮史を弁証することができると感じた。その『聖書的立場から見た朝鮮歴史』（一九三四―三五年に『聖書朝鮮』に連載、その完成は解放後）にうかがわれるように朝鮮史は苦難の歴史であり、そうであればこそ、民族はこの苦難により浄化されるとした。しかし、咸の場合も、朝鮮史をもっぱら暗いものとみなし、その時代、その文化が有した独特の価値を見失っていた、と。もっとも池が、比較文化史に大きな意味を見出していることは事実である。これからの時代のために一国史ではなく、少なくとも東アジア史を文化的に、また政治的に比較、考察していくことが必要だからである。そのさい、この地域の平和と繁栄を希求する立場から、とくに七世紀後半から一〇世紀初めにかけての東アジアの安定した状態が想起されなくてはならないという。

この状態とは、中国では唐が六一八年から九〇七年までつづき、朝鮮半島では新羅が六六八年に三国を統一して九三五年まで存続し、日本では六四五年に大化改新が始まり、九三九年の平将門の乱にいたる古代天皇制の展開を見ていたときで、東アジア三国に（さらに渤海を含めると四国に）輝かしい古代文化が花咲いていたのである（池『破局の時代に生きる信仰』一九八五年）。

東アジアにこのような安定した状態をもたらしたのは、文化、とりわけ「和」の仏教であった。彼は、この古代文化の花咲いた時代をパックス・ロマーナ（ローマの平和）ならぬ、「唐の平和」と呼び、政治的には律令体制が確立し、宗教的思想的には仏教が支配した、一種の同質性の存在した時代とみなしている。

東アジアに平和と繁栄をもたらすにはこのような同質性が必要だという彼の見解にたいしては、現代の東アジアにおける同質性とは何かが直ちに問われようが、彼はこれにたいして「政治的には民主体制が、経済的には市場経済が、価値観においては自由と平和と人権を中心とした高度な同質性を帯びた社会」の形成がその答えとなろう、と応じている（池、二・八独立宣言七四周年記念講演「二・八独立宣言と東北アジア」『かけはし』一九九三年三月一〇日号）。

池の力作のひとつ、『韓国文化史』についてもう少しふれると、同書は彼が一九七四年から立教大学で韓国の思想と文化を講義したものを七九年、一冊の本にまとめたものである（本文と事項・人名索引四六七頁、それに年表)。年代や、あるいは表記などに若干のミスプリントはあるものの、旧石器時代から一九六〇年の李承晩の下野までの歴史を一気に読ませる著作であり、叙述にさいしてはとくに政治史的にまた精神史的視点から韓国史を理解させる工夫が払われている。また、「韓国からの通信」と同時になされていた仕事として彼の憂国の情、愛国の気概が『韓国文化史』には強く脈打っている。そして、その愛国の情熱は日本近代史への手きびしい筆誅となり、日本人に反省を迫っている。それはたとえば次のような一、二の箇所を瞥見するだけでも理解されよう。

(一)「第九章　開国・開化と民衆の抵抗とその思想」における、一八八四年の甲申事変についての記述。

「……日本側の支援の下に政変に成功するということは、国民の反日感情を認識できなかった誤謬からきたものであるとも言えよう。民衆は対内的には権力に抵抗しても、いったん対外的な問題になると、今まで自分らが抵抗していた反動的な権力とも協力する。そこで反動的、反民族的政治権力でも反日のようなスローガンでは民衆を結集することができる。それは長い歴史の間、外国勢力の侵略に苦しんできたこの国民の精神傾向である。……甲申政変はこのように、日清勢力の浸透を強めるというアイロニカルな結果を招いた。そして、民衆は一層排外思想を強めた。これは基本的に反開化の心情につながるものであった。また甲申政変は、朝鮮における革命が日本の善意を期待した最初にして最後の改革運動であった。なんと言っても甲申政変は少数のエリート官僚による自主的改革運動であった。それ以後の改革は日本によって強制されたものであり、民衆はもちろん官僚までも抵抗した改革であった。ここに真の開化と独立を目ざすことは、すなわち反日にならざるをえないという朝鮮近代史のパターンが成立した。明治維新に対するアジア人のナイーヴな期待は崩れてしまった。それは、アジア人にとっては反動的な変革とみられるようになった。」

(二)「第十章　併合前夜の民族抗争とその思想」における、一八九六年に創立された独立協会についての記述。

「……政治勢力の改革または交替なしには、自主独立も近代化もありえない。独立協会運動を通してこのような教訓はえられたが、再び民衆を抵抗に結集できる力は、ほとんど潰滅させられた状態であった。韓国の民衆が、単に反民族的な封建勢力のみでなく、その背後にある強大な侵略勢力に直面して絶望せざるをえないということは、その近代史において克服することのできなかったタウトロギー(同義反復、繰返しの意―堀)である。そして、その無能な権力は国権を失うことで消滅するが、その時にすら敵の手中において卑屈な栄華を夢見るのである。韓国の近代史的課題は、この歴史の反復をいかに断絶するかにあると言うべきである。」

『韓国文化史』については、前述の隅谷三喜男も同書に流れるトーンを憂国のそれとし、また、二重の意味での「警告の書」ととらえている。「第一に、韓国が古代の世界以来つねに周囲の強国の圧力の中で、しばしば国土を蹂躙され、実質的な主権を失うという苦難の途を歩む中で、権力は強国の庇護の下で自己を維持しようとするのに対し、民衆の中にこそ高いモラルとゆるがぬ希望の根拠があることを強調してやまない」ことを明らかにしているから。「第二に、日本人への警告である。韓国の歴史を辿りながら、何故に韓国人が反日的たらざるをえなかったかを、韓国の民の心理の中にまで入りこみ、説得的に展開している」からである(隅谷「憂国の歴史 池明観『韓国文化史』」『福音と社会』第一〇巻、一九八〇年)。

池は一九八八年に『チョゴリと鎧』を出版したが、これは『韓国文化史』を土台に、比較文化研究の方法をさらに深めた仕事である。消された歴史を発掘して歴史の本流にもどそうとしたこの著作において、彼は、日本が武の社会であるのにたいし朝鮮が儒教の圧倒的影響下にあった文の社会であるというこの差違が、両国、両国民のあいだのさまざまな相違のもとである。このように仮説に立てることが双方の理解を促すことになると主張したが、ここでは同書を通観する代わりに彼の比較史学への、さらには平和史学への視点だけを列挙しておく。

（一）日本や朝鮮の場合、文明との出会いは西洋にたいしては「上下の出会い」「中心と周縁との出会い」として存在してきた。そして、日本がアジアと近代以降に出会うときも「上下の出会い」であったが、アナール学派などがいうように、「周縁的なものに意味を与えて歴史の本流にもどすこと」が要請される。日本近代史でも女性・被差別部落・沖縄などが切り捨てられ、沈黙を押しつけられ、消去されてきたが、これらの問題を問うことが現代史の課題である。ミシェル・フーコーが『狂気の歴史』で問いかけている消去された部分を問題にしていく姿勢をもって「日本史においても、切り捨てられたアジアとの関係を、その本流にもどしてとらえなおすという作業が必要である。」

（二）日本の歴史教科書では国際関係（アジアとくに日本・朝鮮・中国という三国関係）の記述が圧倒的に少ないが、分量を増やすことと同時に質的な変化がもとめられる。「過去に植民地支配をしていたのであれば、その政治的事実だけを記述するのではなく、侵略を批判しながら、そのような自己批判を媒介にして、もう一方では、友好的な文化交流の側面を強調するというような新しい書き方をすることが必要で……これが、グローバルなこの時代における、平和志向的な歴史というものだ。」

（三）C・レヴィ＝ストロースが『今日のトーテミズム』所収の「人類学の課題」でふれた「人類学的懐疑」は歴史学においても出発点となる。「ごく慣れ親しんでいた観念・習慣にもっともはげしく矛盾する観念・習慣から蒙る侮辱、否認の前に」私たちを断固としてさらすことが人類学的懐疑である。これは歴史学でいえば、「これまでは支配する側、侵略する側からみたのであるが、それを否定することで、こんどは侵略された側、押さえられた側から新しく見なおすことが、アジア史をみる認識論的出発点である。」

（四）東アジアの平和を、具体的にはそれが見えてこなくても、少なくとも進むべき方向として設定すること。それは、すでにふれたが、七世紀後半から十世紀初頭（唐の時代―六一八―九〇七年。統一新羅の時代―六六八―九三五年。奈良・平安時代―六四五―九三九年）にかけて東アジアに生じた「唐の平和」を検討することである。

そのさい、たとえばアジアに政治的経済的対立があったときにさえ、「人間と人間との美しいまじわりを求め、異郷の地に仏教を伝え」、その地に葬られた人たちがいたこと。このような人々の生き方を今一度とらえ直すことが、次の時代を準備するうえで大切であろう。

（五）或る政治家が社会を変えるのではなく、国民の意識が社会を変えること。ハンナ・アレントがいうところの社会的意識・社会的知性の変化が日本人には要求される。ドイツとフランスにおいては国民のあいだにつくりだされた社会的意識・社会的知性が政治を変え、今日のような関係をもたらしたが、日本人はアジアの人たちにたいする優越感・差別意識を払拭していくこと。また、朝鮮半島に平和が到来することなしにはアジアの平和はないことを認識すべきである。

（六）朝鮮半島の人びとは抵抗史観を一歩進めて革命史観を自らのものにする必要があること。日本の支配下で朝鮮人のほとんどは恐怖心にかられ服従していたのが実態であって、民族的に偉大な抵抗をした人びとはわずかだった。それを全国民が抵抗したかのごとく拡大してとらえることは正しい歴史認識ではない。むしろ、なぜ大多数の人びとは沈黙していなければならなかったのかを明らかにする。なすべきことをなぜなさなかったのか、なぜできなかったのかを反省する立場から歴史を考察するのが「革命史観」である。

（七）歴史を通時的にみることにたいし共時的にみること。フランスのジャック・ルゴフの仕事（歴史学と民俗学の共用）などのように、歴史における空間の意味に注目する必要がある。また、日本統治下の申采浩史学と崔南善史学（亡命史学と国内史学）の軌跡を暗い時代の知識人が陥った道として単に裁くのではなく、批判的に理解していく姿勢が、自主的な歴史学を建設するために要請されている。

なお、このような民族主義的史学の在り方に関連して、朴殷植の仕事のように同時代を記録することが、民族主義的史学の可能性の一つであること。「日本統治下のことをひそかに克明に記録しておかないと、歴史の事実が埋没してしまう……朴殷植《パクウンシク》の『韓国痛史』（一九一五年）、『韓国独立運動史』（一九二〇年）は、日本統治下におけるそのような現代史あるいは同時代史で」ある。

この点、池の「韓国からの通信」は一面ではこうした民族主義的現代史・同時代史の延長線上にある戦いの記録ともいえよう。

（八）最後に、グローバルな時代の歴史の書き方について、「国史というものは地方史」である。すでにグローバルな時代であるのに、日本史がアジアとの関係など、重要なものをみな周縁に押しやってしまって、もしも日本のみの歴史、または日本の天皇を中心とした権力の歴史を絶対化するとすれば、それは恐ろしい罪悪である。

以上のような主張をもつ池の比較文化史の著作は示唆するところが多大であるが、前述のように、彼自身は、『韓国文化史』や『チョゴリと鎧』（ならびに雑誌などに発表された諸論稿）を貫く論理が、韓国史・朝鮮史の優位性を弁証しようとする制約多きそれであったことをのちに自省し、こう述べている。

「日本統治下で成長し教育を受けた者は誰でも意識的、無意識的に日本史と向きあって朝鮮史を弁証しようとした。特に私の場合は一九七二年一〇月に日本に行って、韓国について語り教えなければならなかったものだから、弁証史学的な姿勢はほとんど避けられないものであった。……そうして私は韓国が伝統的に儒教的文治社会であったことと日本は武士社会であったことを対比させようとした。……『韓国文化史』以降、私はこのようなレトリックにとらわれ続けたといえよう。……韓国社会が継承してきた文の思想の優位を主張しようとした。しかもそれは韓国における軍事政権を攻撃するためにも恰好の武器のように思えた。それは（軍事政権が―堀）韓国史における異端でもあるといえたからであった。

しかし、それで日本と韓国の近代を一刀両断にしてしまうことがいかに非学問的であったことか。それはあまりにも短絡したレトリックでやはり弁証史学的発想の欠点を持っていた、といまは思うのである。これと関連して私は東アジア史という大きな歴史に日本史も韓国史もあまりにも簡単にひっくるめてしまおうとしたように思うのである。」（『韓国と韓国人』二〇〇四年）

この述懐からは池が絶えず前進する思想家であることがうかがわれる。なお、彼の歴史研究に大きな影響を与えたのはアーノルド・トインビーの『試練に立つ文明』であることも付言しておこう。一九六〇年代に或る出版社から韓国語に翻訳するよう依頼されたのが契機となり、彼は、自分の歴史的見解を絶対視しない、国史は地方史にすぎない、数千年の歴史を現代史・同時代史と見るというトインビーの思想に啓発された。トインビーの著作により「ほんとうに目から鱗が落ちるような気がしてならなかった」彼が、後年、フランスのアナール学派の歴史学、とくに『地中海』などで長期持続を核においた全体史を追求したフェルナン・ブローデルの仕事に共感したのもゆえあることであった。

すなわち、池はブローデルの「大きな歴史学」につき、次のように書いている。

「私は日韓関係または東アジアのことを思うとき、しばしばフランスのアナール学派フェルナン・ブローデルのいう『大きな歴史』というものを考えます。彼が歴史を地中海のような単位でとらえようとしたように、私たちは日本海（韓国では東海《トンヘ》といいますが）と黄海の単位で歴史をとらえる必要があるのかもしれません。彼は名著『地中海』の一九四六年度初版の序文で『我々の先生たちが教えていたのとは別なかたちで歴史学を構築しようと努めるために、地中海という並外れた人物』をとらえようとしたといっています。

彼はこれまでの人物史的歴史への批判をこめて地中海を人物と見立て、そこには『さまざまな要請、抵抗、罠、飛躍』があると考えました。それは生きているものであり、かつ生きとし生けるものの集合でした。日本海・黄海もそんなものではないでしょうか。このような枠組みで考えると朝鮮半島の姿がその中心にくっきり浮かんできます。そして東アジア史の地政学的問題、地政文化的問題、あるいは地政経済的問題に思いをはせざるをえません。」（池『人間的資産とは何か』一九九四年）

池を触発したブローデルに今少しふれると、彼は一九九二年に『現代史ジャーナル』のために書いたテクストのなかで、第二次大戦におけるフランス軍将校としての戦争体験（彼は一九四〇年六月から四五年五月、イギリス軍によって解放されるまでドイツ軍の捕虜収容所にいた）をこう述べている。「私はすぐには気がつかなかったが、私の歴史の見方はその時決定的なものとなった。……（ドイツのラジオや新聞が流し続ける情勢、あるいはロンドンからの地下放送によるニュースでさえ─堀）私は聞き流し、拒絶し、否定する必要があった。出来事なんかくたばれ、とりわけ人を困らせる出来事は！歴史は、そして運命は、もっと深いところで書かれるのだと信じる必要があった。長期の時間の観察者を選ぶこと、それは避難場所として父なる神のポジションそのものを選ぶことであった。……」（ピエール・デックス『ブローデル伝』浜名優美訳、二〇〇三年）

「父なる神のポジション」。ブローデルはこうした視点を措定することで惨状に耐え、『地中海』を執筆していたのであるが、この心理機制が彼の「大きな歴史学」の確立にとって不可欠の要因となった点を「世界の尺度としての歴史」という論稿で説明している。

「おそらくどの時代にもその時代にふさわしい歴史学というものがあるでしょう。その時代の展望と歩みにぴったり適った歴史学のランプがあるでしょう。幸福な、あまりに穏やかな時代にはごくごく小さなランプで満足するものです。逆に大きな歴史学が、必要とされる光を投げかけ、それなりの効果を得るためには、大きな破局や不幸があって、人も民族も悲劇的な運命を直感的に感じ取っていなくてはなりません。『大きな』歴史学。

しかしそれはまた『深い』歴史学でもあります、(「深い歴史学」というのは「集団的な現実のなかで見られた人間の歴史学」のこと。国家・経済・文明・社会の構造の緩慢な変化のなかに認められた人間の歴史学という意味―堀)」と(『ブローデル伝』)。

植民地時代に、朝鮮戦争時に、そして軍事政権下に体験した集団的な現実、悲劇的な運命を池なりに表現し、克服していくには「韓国からの通信」にも読みとれるように大きなランプ、「大きな歴史学」が必要とされたと考えられる。また、日本の植民地支配の構造的解明にはブローデルの開拓した地理学的・空間的研究が大いに有効であり、このことからもブローデルの「大きな歴史学」を賞讃しているのであろう。

さて、日本ならびに世界のキリスト教組織、それに原島鮮や隅谷三喜男といった関係者の尽力で東京女子大に徐々に安定した立場を得た池は、日本社会を広く理解しようと努めた。その理解の仕方は、トーマス・マンが『ドイツとドイツ人』(一九四五年)で教養について語ったことに該当する。マンによれば、「そもそも教養というものは、〈全く異なったもの〉、外国の言語、文化、精神形態を知り、わがものにし、これに浸透することによって初めて生ずるもの」なのである。池はこの教養を土台に、後述のように、帰国後、翰林大学校に韓国最初の日本学研究所を開設するが、この業績は彼の足跡のなかでも注目さるべきものの一つである。

一九四五年以降の韓国人は、周知のように、日本研究の必要を容易に認めず、ソウル大学が日本研究所を開設したのは二〇〇五年三月二日である。それは植民地時代への反発でもあり、日本を既知の存在と考えることにも由来した。しかし、一九六五年に日韓基本条約が締結されたあとは、経済関係などの必要からも日本語の学習、日本の研究が要請された。

ちなみに、池は日韓関係を拡大してきた大きな要素の一つを日韓基本条約調印後の経済拡大にもとめている。同条約調印を前にしてこれに強く反対した彼ではあるが、そして、経済拡大がもった韓国へのいくつものマイナス点（対日貿易赤字の増進化など）を指摘もするが、そのうえでなお、それが両国関係の交流拡大に貢献してきたことを認める。こうした経済関係の進展が韓国経済の実質的浮揚につながったからである。

これは先に見た、ラインホルト・ニーバーの思考にも通底するリアリズムである。と同時に、哲学者カントの思想に注目する池は（『韓国と韓国人』に見られるように）、経済交流が相互のより良い認識をもたらす思想的可能性にかけてもいる。カントが『永遠平和のために』（一七九五年）で、平和にいたるもっとも現実的な道と説いた「商業精神」を再認しようというわけである。

なお、韓国の大学でも日本研究に関連する学科がおかれているが、こうした日本研究では学位取得の必要性などから細分化が進み、日本の社会をトータルに認識することには困難さが残っている。しかし、それにもかかわらず、ようやく、日本研究者が韓国社会のなかで市民権を得ることになるのではという曙光も見える。彼は、日本の文化や社会を知ることで自国（韓国）を一層良く知ることができるはずであるとこれからの世代に期待する。

その期待はアジアという視野に立ち、世界に向かって韓国の研究者が（そして日本の研究者も）発信していくことである。彼は一知識人としての二〇年にわたる滞日体験から後進に託していう。

「……最近になって……韓国における日本研究において何か、いままでとは多少違ったユニークなものが生まれてくるような気がしてならない。……第一は、（日本研究者が）韓国内の学問や文化と豊かな対話をかわすようになるのである。……もう一つは以上のことと関連することであるが、新しいアジアというパラダイムで日本を研究するということである。……そうするとたとえばリベラルであったという思想においてすら日本の知識人がいかに知的に欧米の周辺にとどまって満足していたかを発見するのである。……こういうことから二一世紀のアジアの知的体系をめざす新しいパラダイムが生まれ」つつあり、われわれの知的活動も「西欧からの一方的受信から発信へと進み、または受信と発信という双方向な関係に入りつつあるのではなかろうか。」

池の言及した日本の知識人、とくにリベラールの思想的特質については、堀「大日本帝国リベラールの問題・覚書」（『일본학연구소 학술심포지엄 제국일본의 문화권력』二〇〇九年、所収）が論じている。

このようにアジアの知の在り方に留意しつつ、彼はとくに現代思想をむさぼるように読んだ。それらは教室で大学生とともに学んだもので、C・レヴィ＝ストロース、ミシェル・フーコー、シモーヌ・ヴェイユ、エーリッヒ・フロム、ヴァルター・ベンヤミン、テオドール・W・アドルノ、ユルゲン・ハバマス、ハンナ・アレント、アントニオ・グラムシなどに及ぶが、いかにこれらの思想と対話したかについては別に「三　信仰・思想」で論じることにする。

光州事件

ところで、朴大統領の横死後、今一つの「クーデタ」で政権を握った全斗煥将軍は、一九八〇年五月、光州事件を引き起こした。軍隊は「敵を攻撃するかのようにヘリコプターや戦車を動員して銃撃を加えながら」光州市民に向け突進した。これにたいし「それこそ恨《ハン》に徹した民衆の軍部政権への戦いが展開されるようになりました。私はこの光州事件こそ韓国現代史を転換させたと思います。彼らは光州事件によって権力を取りましたが、それによってついに権力を失い、今でも癒されない傷跡をこの国に残しました。」

池はこのように光州事件を位置づけているが、彼にとり、光州事件は、彼の現代史にたいする考えと姿勢に一大転換を強いる契機となった。

「ほんとうに光州事件によって、私はかつてシモーヌ・ヴェイユがいったように『歴史とは、殺人者がいてその犠牲者や自分たち自身のことに関して作り上げた供述を編集したものにほかならない』『歴史とは、下劣さと残酷さの織りなした一枚の布であって、そこには、ところどころに純粋さのしずくがほんのわずか光り輝いているというほどのものだ』という視座を与えられました。そして何よりもそれまで私は『真理は死の側にある』（田辺保『奴隷の宗教』）という生き方を拒んできたような気がしてならなかったのです。実際私はこの時から、政治権力、歴史、現代史におけるアメリカなど、さまざまなことに対する見方やかかわり方を変えるようになったと思います。」（池『人間的資産とは何か』一九九四年）

全一派はその後も朴政権と同様に言論統制をつづけた。反日世論を操作し、日本側も首相の靖国参拝などで、反日に油を注いだ。朴以後も両国の相互理解は依然困難であった。このような状況下、国民の声に押され、一九八七年一二月、大統領直接選挙が実現した。軍部勢力の盧泰愚《ノテウ》将軍が金大中と金泳三《キムヨンサム》を制したが、この勝利は民主化勢力の自滅によるのであった。両金は併せると五四パーセントの票を獲得し、三五・九パーセントの盧を抜いていたのだが、民主化候補者の一本化に至らなかったのである。池は両人の権力欲に、とくに金大中の譲歩を肯んじない態度に失望した。

一九九二年一二月の大統領選挙では国民は金泳三を勝利者としたが、この軍部勢力と妥協した現状維持的な政権の誕生は、同時に、軍部統治と戦ってきた金大中の政界からの（一時的な）引退をもたらした。国外に出た金大中はケンブリッジ大学にてドイツの事例を参考に南北朝鮮の統一につき模索していた。同時期、ケンブリッジ大学にいた私（堀）は金氏と話をする機会に恵まれたが、氏はその笑顔とは裏腹に心身ともに疲れを隠せない感じであった。

帰国、文民政権への期待と失望

池がついに帰国したのは一九九三年四月二一日である。彼は金泳三政権発足から六カ月目、「（金政権は）新しい政治風土を築き上げるためにそれこそ渾身の努力を傾けてきたといえます」と書いている。あたかも金政権が大統領の緊急命令権を発動し、緊急財政経済命令を発布。臨時国会で金融実名制が承認されたときで、「何よりもこのことによって金泳三政権は不退転のものであると確認できたことを私はたいへん嬉しく思います」との感想を抱いた。この制度は、金持ちの仮名、借名による資産が金融機関の預金全体の二割にあたるとき、こうした「顔のない金」「黒い金」が韓国の地下経済を支え、脱税・贈賄・収賄などの政経癒着をもたらしている実情にメスを入れ、重税を課するというもので、金持ちや高級公務員などは追求に戦々兢々とせざるをえないといわれた。

この改革をめぐってはしかしながら、韓国のマスコミも日本のそれも注目すること少なく、とくに日本のマスコミは先行きを見越してシニカルな報道ぶりであった。池はいう。「この改革がもっと国際的に注目され、サポートされなければならないと思っています。ようやく軍部政権を追い出して、民主政治の道へと進もうとしていますが、これは四方を敵に囲まれていながら、一人の幼児が声をはり上げているような、実にか弱い動きです。長い軍部支配によって形成された反動勢力はあまりにも巨大です。これによって民主化への改革がいまにもつぶされそうではらはらしています。」

彼は、一国の苦悩に満ちた民主化が国内外の支援なくしては実現されえないこと、少なくとも実現の歩みが遅々としたものにならざるをえないことを危惧し、日本のマスコミにもサポートを期待していた。しかし、文援どころか、「たんす貯金用にアタッシュケース大売れ」などといったゴシップ記事を書いて悦に入っているばかりで、民主化への同情に欠けていた。日本人ジャーナリストの観察は好意的でないばかりか、彼の目には「あまり深入りして当てがはずれてはたいへんだと思っているのでしょうか。この国運をかけての一大改革が失敗すれば『それみろ、彼らにそんな花を咲かせる能力などあるもんか』とあざ笑いの拍手でもしようと思っているのでしょうか」と映った。

池の憤りを含んだ発言は、しかし、日本人ジャーナリストへの期待でもあった。むしろ、この憤りにつづく一文に大切なメッセージが表明されている。

「……そのような改革が失敗すれば、かくかくの過程のなかでこうして失敗したと書けば、それで豊かな記述になるではないでしょうか。革命を知らせ、その成功を伝えることもすばらしいですが、それが失敗したときそのニュースを知らせるペンはもっとドラマチックなものではなかろうかと思われます。」

失敗に学ぶ、失敗にもかかわらず、そこから得られる教訓を次に生かす、という態度が人びとを励ますことを彼は指摘しているのである。

池は金泳三政権へのモラルサポートをつづけた。一九九三年九月二一日に、韓国史上初めて大統領が国会で施政演説をしたさいにも「テレビで約三十分間にわたるこの演説に聞き入りながら、改革のために苦悩している大統領の姿に心を打たれた。」もっとも、金大統領の演説があまりに道徳的な説教調で、儒教的社会の家父長であるかのような威圧的な点、自信過剰を感じざるをえなかったが、それはそれとして支持したいと思った。

金大統領へのさまざまな批評が耳に入るなか、池の脳裡には一九二〇年代初頭の上海の臨時政府内の葛藤のことがあった。ときの臨時大統領李承晩にたいする批難がすさまじかったとき安昌浩《アンチャンホ》が臨時政府を維持するために払った必死の努力のことである。このとき偉大な指導者安は、李が醜いならば化粧をほどこしてでも支えようではないかと説いたという。この故事を想起しつつ池は韓国人ジャーナリストに次のように語っている。それは文字通り切実な言葉である。

「三十二年間の軍部独裁の後にようやく勝ちえた民主化の改革を掲げる文民政権。それを支えたい。実際解放後四十八年間、一度も抵抗なく支えられる政権を持ったことがないではないか。いつもトータルに否定してきたよね。今度は支えてみたい、参加の姿勢で助言をしたり、批判をしたい。……一度は自分の国の政治権力を支持してみてこの人生を終えたい。」

こうした「切ない気持」はのちの金大中政権の支持につながっていく。しかし、民主化を担う文民政権への期待は、単なる一政権、一国家による民主化の達成にとどまらない。池の目はもっと先を、世界の民主化という星座に向けられている。池は、アドルノが使った星座という概念をそれこそ前述のギリシア・ローマ的方法で使用する。多くの星がおのおの光を発し、交わりあって星座の明るさを生み出す、と。

「どの国かが他の国を引っぱって行くのではありません。……方々で光を発してそれによって照らし合うのです。そして全体が明るくなります。民主化または政治的改革のようなものがこうして世界的変化となっていくでしょう。」

池は金泳三への支援を表明したが、同時に政権の抱える問題・弱点も指摘した。弱点の指摘にとどまるどころか、さらに厳しい言い方で注文をつけている。

「彼は軍部政権の与党に合流してそれを支え、それこそ『虎穴に入らずんば虎子を得ず』の戦略で、軍部の与党が造ってくれた五〇〇〇億ウォン、六〇〇〇億ウォンともいわれる莫大な政治資金を使って戦い大統領の座につくことができました。そのために彼はその旧勢力によって弱点を握られているわけです。彼らの反動に悩まされ、そのような不透明性のために野党に対しても、国民に対しても堂々たる姿勢が取れないでいます。いつかは自ら告白し贖罪の姿勢でもってそれを断ち切る決断をしなければならないことでしょう。……しかし果たしていまの政治家にそんなことができるでしょうか。これはその人間と哲学の問題です。」

彼の金泳三政権への失望は、政権が一九九三年一二月に内閣を改造し、「旧軍部政権系の保守反動に」一方的に依拠して批判的民主勢力を切り捨てたとき、反動化に抵抗するよう呼びかけるものへと変わった。

「野党の民主党は金政権が（見せかけの、人気のために理想を追うふりをして─堀）改革を掲げる以上全面的に対決することはできませんでした。しかし金政権がこうなると彼らは来年には野党としていわば奪権のために無理な抵抗を試み、政府はこれを力ずくで抑えこもうとすることでしょう。……もしも金泳三政権が反動に与するならば、実に不幸なことですが、それがかえってこの国の国民に新しい民主的自覚を促すことになるだろうと思います。多くの人びとが、改革をかざしても政治権力はつねに反動化するものであり、民主化は政治権力によって与えられるものではなく、国民の抵抗の力によってかち取るものであると、改めて心にいい聞かせることでしょう。」（『人間的資産とは何か』）

鎮魂の行脚

話は少し前後するが、前述のように池は九三年四月、二〇年ぶりに祖国の土を踏んだ。すでに六八歳と六カ月になっていた。彼の胸中を占めたのは何よりもお詫びと鎮魂の行脚であった。彼は書いている。

「私がいないあいだに幽明を異にした先輩、友人たちのお墓参りをまっさきにすべきだと思った。『思想界』の社長張俊河《チャンジュンハ》や『朝鮮日報』の主筆鮮于煇《ソヌフィ》のお墓をたずねた。そして光州の民主化運動の共同墓地も。心の中では彼らが荒地のような韓国の地で戦っていた時、私は日本で安逸をむさぼっていたという思いで、彼らにお詫びをしなければならないと思った。何よりも長い民主化闘争において生命を失った人びとにお悔やみを捧げるべきであった。」

池は帰国後も亡命者の生き方について考え抜き、苦しみ抜いた。現代の思想家のなかでもユダヤ系ドイツ人の思想家に惹かれ、慰められたのは偶然ではない。日本では満州事変の翌年、一九三二年に政治学者にして無産政党運動の指導者であった大山郁夫（元早稲田大学教授）が一人息子を日本に残して一六年にわたる亡命生活を余儀なくされているが、池も老母をはじめとする家族を祖国に残してつらい日々を耐え、民主化のために闘争をつづけてきた。池は日本滞在中の心境を「私も異国でさすらいの毎日を送るあいだ、どれほど心が荒んでいたことでしょう。しかし一方では国にいる人びとが閉じこめられているとき、私は自由に読み、書き、語ることができました。……が、苦難の日々を共にできなかった者にはあるもろさがつきまとっているように思われます。……私は限りなく小さい者に見えてなりませんでした」と正直に書いている（『人間的資産とは何か』）。

ドイツの神学者ボンヘッファーは一九三九年、米国を離れようとするとき、ラインホルト・ニーバーに次のような一節を含む書簡を送った。池はこの一節を一九六七年執筆のある論文に引用している。来日後、二〇年にわたって祖国に帰れない状態におかれたとき、この一節以上に彼の心にのしかかった言葉はなかったのではなかろうか。

「祖国の歴史上のこの困難な時期を、私はドイツのキリスト者の同胞と共に生きなければなりません。もし私がこの時代の試練を同胞と共に分かち合おうとしなかったなら、私は戦後のドイツにおけるキリスト教生活の再建にあずかる権利を持たなくなるでしょう。」（森平太『服従と抵抗への道』一九九一年、所収）

池もまた苦難の道を歩んだ。これは間違いない。ただ闘争の場と形態を問うのが大方の知識人の通弊なのである。前記の大山郁夫が第二次大戦後亡命先から帰国し、大衆の歓迎を受けたとき、有名なマルクス経済学者である大内兵衛はこう述べた。

「大山は『われらの行くところは、戦場であり墓場である』と呼号したが、彼自身は戦場にゆかず、アメリカに亡命した。その間に多くの日本のインテリは戦場に、監獄に、また墓場にもいった。大山も敵国にいてさぞさみしかったであろうが、日本にいて彼よりひどい目にあった人は多かったのである。彼が帰国したとき、民衆は万歳を唱えて迎え、それに応じて彼も世界平和万歳を唱えた。彼は情熱の人であるから大変万歳が好きであり、日本の民衆もまた万歳がすきで、民衆と彼の万歳が日本中にとどろきわたり、彼はふたたび日本の英雄になり、スターリン平和賞を与えられた。こうした彼の一生もたしかに苦しかったにちがいないが、『しかし理論家として、また実践家としての（大山の）価値には疑問がある。操守一貫したというがいえるかどうか。万歳と拍手のうちには、そういう基準は見つからぬ』ではないか。」（堀真清「大山郁夫―民衆政治家の偉大と悲惨―」河原宏・宮本盛太郎・堀『近代日本の思想（３）』一九七八年、所収）

文化交流を切り開く―過去の清算について―

池は祖国の外で戦った。しかし、それは運命のめぐり合わせで、闘いの場と方法とは多様である。万人が等しく同一の運命を甘受しなくてはならないなどというのは没理である。できることを、与えられた場で可能な方法で、最善に試みること。これ以上何をのぞむのか。彼は与えられた使命を十二分に果たしつつ自らをなお苦しめてやまないが、こうした贖罪感を抱えつつ、前述のように、帰国後の一九九四年春、春川にある翰林大学校の日本学研究所の創設・運営を引き受けた。春川は漢江の上流にあり、韓流ブームで有名になった「冬のソナタ」のあのロケ地である。研究所の所長として、日韓の相互理解を生みだすべく、両国知識人によるシンポジウムの開催や日本文化（とくに活字文化）の紹介（韓国語での出版）などに努めた。

日本学研究所とは別に岩波書店や韓国クリスチャン・アカデミーによるシンポジウムにも尽力し、加藤周一、安江良介、坂本義和、大江健三郎らと金芝河《キムジハ》、李御寧《イオリョン》、金容徳《キムヨントク》らを引き合わせた。シンポジウムの開催には韓国メディアを動員し、相互交流の意味を広く伝えようとした。なお、金泳三政権の末期に生じた通貨危機のなかでの開催にはひとかたならぬ苦労があったはずであるが、それを感じさせることなく主催者側からは私（堀）を含め参加者にたいしその都度最大限のもてなしがなされた。このことは池の書いたものからは出てこないので付けくわえておく。

池と安江良介の人脈で実現したこれらシンポジウムのなかでも大江健三郎の参加についてはひと言触れる必要がある。大江はノーベル賞受賞後、初めて海外に出るにあたり韓国を選んだ。日本人として謝罪するためであった。韓国の市民は大江の話に感動した。池自身もその一人である。「私は日韓の未来、東アジアの美しい未来を見るような気がして涙ぐましく思った。……私が二〇年以上も日本にいたのはまさにこの日のため、この新しい歴史の喜びのためではなかったかと思ったほどであった。それで実は『韓日関係五〇年、どう見るべきか』を語り始めようとした時、私はこみ上げてくる涙を抑えるためにいかに苦労したことか。」大江と池との思想的親縁性についてはあとで述べたいが、大江は韓国にとっても大事な存在となった。（大江の韓国民主化運動への支援については、『想像力と状況　大江健三郎同時代論集3』一九八一年、など参照）

安江良介は前述のように一九九八年一月六日に長い闘病生活ののち逝去した。安江は日本と朝鮮半島の和解と協力を夢見て東奔西走し、金大中を日本社会に認知せしめたひとりである。彼は一九八二年三月、金大中拉致問題をめぐるシンポジウムで「日韓関係の問題点」と題して報告、その基本姿勢を次のように表明している。「私たち自身の課題、すなわち韓国民主化運動に関心を寄せ、それを支持することによって、実は日本国民自身の民主主義を実体のあるものにしよう、そして同時に、そのことを通して日韓両国民、あるいは日朝両民族の和解と信頼を少しでも拡げようという私たち自身の課題は、今日まったく変わっておりません。」（清水知久・和田春樹編『金大中氏たちと共に』一九八三年）

安江の死は日韓関係がようやく相互の理解に向けて前進するかに見えたときのことであり、池の落胆はひとおりではなかった。「私は鮮于煇が亡くなって経験しなければならなかった空しさを安江が倒れることによってもう一度味わわねばならなかった。その後も生きてきたのであるが、それからは喜びのない、感動のない日々をくり返したと、いま振り返って思わざるをえない。」

この悲嘆は、金泳三が息子のスキャンダルにまみれて下野し（一九九八年）、後継大統領となった金大中もまた同じような執権ぶりを見せつけたことに一層強められたであろう。とまれ、話が先に進みすぎた。

池は金大中政権下（一九九八―二〇〇三年）、韓国放送公社（KBS）理事長や、日韓文化交流政策委員会を主宰するなど、両国の文化交流・相互理解に直接つながる重責を担う仕事についた。とくにKBS時代に歴史教科書問題が生じ、文化開放の歩みが中挫したが、そうしたときでも日本との関係にたいする肯定的なプログラムを積極的に採用するよう指示し、両国民の心をつなぎとめることに腐心した。

彼のリーダーシップのもと、全体としての文化交流は格段に進み、韓国の文化開放政策が両国の親善に寄与したことは明白である。また、ワールドカップ日韓共同開催の推進にも努めた。彼は二〇〇二年のワールドカップ招致を前にして一九九七年講演し、開催決定までの経緯に言及して、共同開催は、遺憾ながら、主体的な選択によってではなく、他律的に、世界的圧力によってもたらされた。しかし、「何よりも重要なことはこのワールドカップを通して日韓関係において今までのややもすれば他律的であった関係を主体的、自律的な関係に転換させることです」と訴えた。ここに他律的というのは、一九六五年の日韓条約の締結のさいにも、日韓両国民の多くはこれに反対したが――主として、韓国では日本側が過去を清算しないといって、日本ではこの条約がアメリカのアジア政策の一翼を担い冷戦の強化につながるといって――、アメリカの圧力によって結ばれたことを指すのであろう。

日韓関係にはワールドカップ共同開催の前に従軍慰安婦問題をめぐる紛糾もあった。具体的には一九九七年一月一二日に「女性のためのアジア平和国民基金」という日本の団体がソウルで韓国人被害者七名にたいし非公開裡にそれぞれ慰労金二〇〇万円、医療福祉支援金三〇〇万円、そして村山富市首相の謝罪書簡を渡すということがあり、これに韓国の政府も市民団体もマスコミも激しく反発した。池もこの基金による問題への取り組みに批判的であったが、ワールドカップの共同開催についてはこのような積年の障害を少しでも克服し、和解と協力への手だての一つになれば、新しい時代が準備できるだろうとの思いから推進したのである。

池は、日韓関係の過去の清算がたやすいことでないことを十分承知しながら、なお、日韓に橋を架けようとした。そのことはワールドカップ共催についての上述の講演のあと会場との質疑応答に明らかである。

「私（池）が一九九五年に安江良介・坂本義和・大江健三郎三氏を韓国に招いて交流を図ろうとしたさい、これらの顔ぶれ（「進歩的知識人」）には韓国内にも日本のなかでも非難があった。」それは過去の清算が行なわれていないのに果たして交流に意味があるのかという疑念でもあった。そのとき大江氏は「我々は清算しようとしている。しかし清算は交流の中でなされなければならない」といった。私（池）も無論同じ立場であり、それゆえ、大江氏らを招いた。

「私（池）は、日韓の間で本当にすっきりした全面和解の日がくるだろうかと疑問を持ちながら、一方でこういうことを思います。例えば、音楽に対位法というものがあるらしいですね。……そういうふうに、日韓の間で本当に和解するというよりは、いわば違った声を出しながらも、戦争とか破壊的にならずに変わっていく。

いろんな変わりの中から、ゆくゆくは歴史の中で問題が清算されていく。主体的に清算されるものもあり、長い歴史の中で変わってくるものもある。だから日韓関係において清算されない面が……あるからこそそういうものを超えていく、という積極性を持たなければならない。だから私は、国家間の努力だけを言うのではなく、市民相互の主体的な努力のことを言っているわけです。良き方向に進んでいるところに注目し、自信を持ってその方向に進みつつ、チラチラマイナスの面、妄言などの面も見つめながら生きる。それが生きる知恵というものではなかろうかと思います。」(池「二〇〇二年日韓ワールドカップは壁を越えられるか」みのおセッパラム5周年記念特別講演、一九九七年二月一六日)

なお、この講演中に登場する一九九五年というのは丁度、竹島―独島問題が起った年である。池が所長をつとめる翰林大学校日本学研究所がこのときに「東アジアの平和と日韓協力体制を目指して」と題するシンポジウムを開催することには心配もあった。韓国の民族主義者が会場に押し寄せるかもしれないとの警戒のなかでシンポは遂行されたが、彼のこうした営為は歴史と歩みを共にしているとの信念にもとづいていた。そして、この信念はいつでも彼のものであった。

「我々が闘っているのは、歴史の方向と一緒であるという自信を持つ。それによって挫折を感じたときも自分を励ますということ。このように思いながら、いろいろ問題は多いのですが、どうかあまり落胆せずに、またあまり楽観もせずに、慎重な姿勢で一歩一歩進んで行きましょう。」

これは前述のキリスト教的現実主義の立場そのものであるが、彼は人びとに語りかけることで自らを励まし、自らに問いかけることで人びとを鼓舞するのである。

韓国社会の変貌とエトランゼ

しかしそれにしても帰国した彼を待ち受けていたのは、韓国社会の余りにすさまじい変貌であった。「民主化の戦いのときとその後の社会がこんなにも違います。過ぎ去った日は悪夢のように忘却して、人の心が一変しています。勝利の日には昨日の苦しみと悲しみをこんなにも早く忘れるものでしょうか。」このような変化をどう解釈すべきか。このような状況のなかでいかに生きるべきか。読み手も聞き手もいないかのような空虚な時代を前にして、しかもなお書き、語らなければならない、しかも書く場所、話す場所も与えられそうにない韓国社会で。しかし、誰かが民主化に払われた苦難のしずくを語りつがなければならない。

このように決意したとき、彼の脳裡に去来したのは、カフカの「片方の手を使って廃墟の下に見えるものを書きつける」（一九二一年一〇月一九日付けのカフカの日記）という言葉であった。また、アドルノらの「今日、語りかけることのできる誰かがいるとすれば、それはいわゆる大衆でも無力な個人でもなくて、むしろ架空の証人であり、彼にわれわれは言い遺してゆく。われわれとともにすべてが無に帰してしまわないように」（ホルクハイマー・アドルノ『啓蒙の弁証法』）という人間と歴史への責務であった。

池は端的にいう。民主化後（軍部独裁終焉後―堀）、大衆の強欲の文明から、民主化運動の人びとは排除され、あるいはこれら革命的エリートのなかから利益にあずかろうとして変身をとげる者が出てくる。軍部を相手とした民主化の時代における主役の多くは代償を払った人びとであるが、富と力は今までの軍部政権の主役たちやそれに寄生した人たちの手中にあり、「その意味でこれ（民主化の戦い―堀）は裏切られた革命といえそうで」ある、と。今や自己犠牲的な知識人またはエリートは必要とされないばかりか、排除されている。孤独に陥った民主人士にとり眼前の状況は「霧の中の風景」、晴れることのない光景でしかない。しかし、彼はこのような状況を歴史を認識するための祝福さるべき契機とみなそうというのである。

「……これは歴史に裏切られてこそ与えられる認識の転換、真の認識、ある意味では知的な賜物であり祝福であるといえるかもしれません。真理に至る道とは、そんなものではないでしょうか。歴史を知ることは歴史に裏切られて始めて到達可能な認識であるように見えます。」（『人間的資産とは何か』）

これは素晴しい言葉である。池を不断に前進する思想家だといったのはこのような認識の持ち主だからである。民主化に挺身した韓国の人々も過去に固着することなく、新しい歴史の動きとともに改めて歩み始めなくては停滞するばかりだ。池はこう指摘しているのではないだろうか。

とまれ、彼は、ソウルの街の変貌に戸惑いを覚えつつ、民主化の戦いについて反芻した。そして、この内省のなかで革命と反革命についての素朴だが明瞭な認識を獲得した。

「考えてみれば民主化の戦いの場合もそうですが、革命というのは幸福な時代を夢見て自己犠牲をあえてなすことであるといえましょう。そこには自分の幸せを求めることと自己を犠牲にすることというあい矛盾した両面、コインの裏表がこめられています。そのためにやがて革命が成功すれば、一方の自己犠牲はなくなり、幸福のみを求める貪欲が栄えるようになるのでしょうか。ここに革命の反革命への転化は歴史的必然であるといえるかもしれません。」

「（一九七二年から九二年のあいだに韓国の輸出高は五〇倍ほどの成長を遂げたが—堀）このような経済発展がこの国の隅々までなんらかの影響を及ぼしているに違いありません。しかしわたしにはそれは恐ろしい軍部独裁とそれに刃向かい血みどろになって戦った人びとの犠牲という黒ずんだ背景にほどこされたきらびやかな鍍金のように映ってくるのです。」

池の憂いは日本にも向けられる。日本側の歴史教科書問題にたいする姿勢は右往左往して韓国側の信頼を依然かち得ていない。「日本の政府が右派的歴史観に同調すること」に強い危惧を抱いたまま彼は、二〇〇三年二月の盧武鉉《ノムヒョン》政権の出現を機に政府関係の仕事から身を引いた。池の自伝にはこうある。

「日本の歴史教科書問題また日本の大衆文化に対する韓国市場の開放の問題などについて私は責任を持って対応しようとしてきた。金泳三政権また金大中政権の下でこれらの問題についていかに対応してきたかについて、詳細にのべる余裕は残されていない。最後にただいまの盧武鉉政権について私はどのように考えているかを一言だけのべて私の『自伝』を結ばせていただきたい。

私は盧武鉉が二〇〇二年二月の終りに大統領に就任するとき、就任式における就任のことばを起草する委員会の責任を持っていた。しかし私はそれ以上盧武鉉政権とかかわろうとはしなかった。」

池の考えでは闘いのときは敵・味方を峻別せざるをえなかったが、これからは共に手を握り合い、フレンドシップをもって、多少の意見の違いにもかかわらず、共同社会に向かって対話し行動しなくてはならない。「そのような民主主義的な指導力の発揮を期待したのであったが、盧武鉉はそれに失敗してしまった。国民を敵と味方に峻別しようとして、今はそのはね返りで苦労していると思わざるをえない。これは取り返すことのできない失敗として韓国の政治状況全体を暗くしているように見えてならない。革命を口にしながらも反革命への傾斜である。」

彼はこれより前、韓国に帰国後早々、金泳三政権のもとでかつての民主化勢力が疎外され、傍観者の立場から憂愁をかみしめている様相を見たとき、ハンナ・アレントのフレンドシップ（友情）という思想を実感を込めて、これら友情を知らない人びとに差し出していた。

「苦難のときは同志愛のような友誼（fraternity）が育つ。それは同じ苦しみのなかで肌を触れあうようにして育ってくる人間性である。晴れて革命の勝利者となったときは、意見や立場が違ってもともにすることのできる友情（friendship）が必要である。今までの歴史においてはそのような友情が育たなかったためにかつての同志を排除し、殺害して、結局は革命そのものが失敗してきたではないか。」

軍政終焉後の歴代政権への痛烈な批判であり、失望と読むべきである。（盧武鉉氏は二〇〇九年五月、自宅付近の岩山から身を投げるという痛ましい最期を遂げた）

なお、この革命の問題に関連するが、池は私の書いた『西田税と日本ファシズム運動』（二〇〇七年）の読後感（二〇〇八年二月、堀宛書簡）に次のような言葉をはさんでいる。

「……このような人物を見るにつけ私は思うのです。社会主義かまたはファシズムかというような評価の仕方ではないそれ以前の人間的アプローチとでもいいましょうか。どうせ人間は歴史に対する絶対的な知識から絶対的な成功をもたらすことはできないのですから、すべての革命はたとえ良心的であるとしても失敗した革命であるといわざるをえないのではないですか。

それは歴史が『物自体』ともいうべき底深いものであるからです。誰が歴史をマニピュレイトできますか。神ならぬ人間がです。……こういうことは韓国の民主化運動に関係してきた私自身の経験からも考えざるをえないことです。そのために韓国における民主化が民主主義という名において個人の生命または彼の最小限の人生を妨げるものではないことがいかに幸いなことかしりません。そのために中進国または先進国においては革命否定の風土に落ち着いてきたような気が致します。革命の否定の上に人間に対する空想なきリアリズムの上に立って政治を考えるというのが民主主義というものではなかろうかと思います。

革命の解剖というリアリズムに立って政治の希望をどのように語るかを思います。アレントが『革命について』の中でアメリカの民主主義にも絶望して実に小さい国において民主主義的共同体を考えてみたいと示唆したことを思わざるをえません。希望の政治学は革命の失敗または裏切りという現実を前提にせざるをえないといえましょう。

こういうことなど多くのことを思うのですが、そのために西田税の革命への夢にいろんなことを重ね合わせざるをえないかと思います。それだけではありません。革命的人間における権力をえた瞬間からの人間的変化の中にほんとうに人間的原罪の問題を考えざるをえません。人間が人間を支配すること自体が原罪的なものではなかろうかと思います。それにもかかわらず人間社会は政治を必要とせざるをえません。……」

ちなみに、前出のニーバーも人間の原罪の根本的解決なき社会には必ず不合理が存在し、階級制度撤廃後の社会にも支配・被支配の対立は起こるのではないか、と述べている。

池はさらに知識人の問題についても深刻に考えさせられた。軍部支配との長い闘いのあとに知識人を襲った空虚感は大きかった。韓国における知識人という特異な存在は、権力への批判的姿勢ゆえに人びとに広く支持され、エリートとしての誇りを感じてきたそれであるが、いまや大かたの知識人が群衆のなかに埋没し、大衆社会の一部である機能人となってしまった。専門に閉じこもり、その一方で、大衆文化に寄生してメディアに露出するばかりの知識人が民主化という地殻変動のなかでいかに自分に関係のない事柄にたいして、「権限のないままに責任を感じる人」（ハバマス）でありえるか。ディヴィッド・リースマンのいう、理念によって（by ideas）生きるだけでなく、理念のために（for ideas）生きる知識人でありうるか。理念のために、他者のために生きることがなければ、知識人は「知的な領域で働く機能人」ではないか、との疑念である。

彼はこう問いかけ、新しい社会の知識人像―革命の時代の知識人像とは違うそれ―を提示する。新しい知識人は政治権力のなしえない、国家が法律を盾にして一方的に強制することのできない市民的利害の調停、調整を試み、市民たちの合意の形成に国家に代わって従事する役割、しかもこれを控え目にはたす役割を担うべきだと。

これは大知識人でも英雄としての知識人でもなく、C・レヴィ＝ストロースのいう「器用人」（bricoleur）としての知識人像である。器用人とは器用仕事（bricolage）をこなす人のことであり、『野性の思考』でレヴィ＝ストロースが、ありあわせの道具と材料で自分の手でものを作る人という、あの器用人のことである。

池は、多くの知識人が空虚な思いで大衆社会を傍目に見ているのにたいし、「指導的エリートとして自任していたこの国の啓蒙的な知識人たちは、没落する運命に直面して周章狼狽しているといえそうです。……自己疎外感を隠し切れないでいます。憂うつであり孤独であります。ある意味では彼らはこの新しい時代に向ける思想の営みにおいて、まだ『ありあわせの道具材料を用いて』新しく思考するという『器用仕事』ができないでいるといえるかもしれません」と述べている。

彼は、現今の韓国知識人の疎外感を指摘するとともに、今一度社会的役割を担う途を「器用人」にもとめたが、実は彼自身もっとも孤立感・疎外感を覚えていたのである。そして、そのような孤独な思いに襲われたとき、祖国の先達の歩んだ道が自ずから想起された。彼は書いている。

ある日、私（池）は中学校の同窓生の夕食会に出た。その帰り道、「すっかり違った雰囲気のなかで私は日本におけると同じように孤独と孤立を味わわざるをえませんでした。……帰国してもそれからいやされないのかと思いました。しかし、だからといってこのような集いを回避するのではなく、その孤独と孤立に身をさらす義務があるように感じました。それは困難な激動の時代に祖国を後にした者に対する応報であり、避けてはならない運命であると思ったのです。そのことを思い出しながら、昨日はふとかつて日本の植民地支配下で祖国を離れた愛国者先達たちのことを思い浮かべました。彼らは三十五、六年あるいは四十年以上も異国の地を貧困のなかでさすらいました。ひたすら祖国を思い、その独立の回復を念じてです。

……彼らは解放後の祖国にもどってほとんどがその働きにおいて失敗したのですが、彼らの心にできた空洞（祖国のために祖国を離れて実は祖国を失ってしまった、自身の内面にぽっかりあいた空洞―堀）に少なくともその理由の一端はあったような気がします。……私は彼らのことを思いながら私もやがてこの人生が終るまで、この祖国においてもやはりエトランゼであり続けるほかはないのかもしれないと、淋しく思いました。それを振り払うように私は坂道を駆け降りてきました。」（『人間的資産とは何か』）

池の人生にあってこの一文を書いた時期は、長年にわたる軍部との闘いのなかで味わった苦悩にも劣らない、いな、さらに苦しい、悲痛な時期であったように思われる。故国においてもエトランゼでありつづけるしかないのではという言葉には胸がつまる。

彼の失望は深い。彼を公私にわたり支援してきた前記の隅谷三喜男が亡くなったのは、二〇〇三年二月であるが、その直前、病床を見舞った池と隅谷は人生と歴史について語った。「私が韓国の現実について失望のあまり、過去についても自分の人生についても、口をつぐんで、すべてが無だといわんばかりに、沈黙しようとしていることを、実にやさしい口調であったが、責められるようであった。」（「隅谷先生の思い出」）

信仰の人である隅谷は、これより前、ガンであることを夫人から告げられたとき、「平静に『あと何年だ』『これでボケないですむな』と夫人に言」った。隅谷は医師から残された時間は五年と聞き、他者のために生きるべく五カ年計画を立てた。池はこの姿勢を「木はその実でわかる」「信仰の人はその実でわかる」――「木が良ければ、その実も良いとし、木が悪ければ、その実も悪いとせよ。木はその実でわかるからである」（マタイ一二章三三節）と評したが、これはすべてを肯定的に受け入れていく生き方にたいしての簡潔にして深い言葉であり、共感である。池は隅谷を敬愛した。韓国でのシンポジウムにはたとえ報告を依頼しなくとも隅谷夫妻に出席をもとめ、隅谷もまた日韓の行方を最後まで見守っていた。

さて、池が危惧していた盧武鉉政権は、国内においてのみならず対外的にも、とくに日本との関係においても摩擦を作りだしたが、現在の李明博政権と日本とのあいだにはどのような関係が展開していくのだろうか。いずれにしても、民主化闘争を戦っていたときの池がいつもそうであったように、両国の市民的連帯の発展に期待しようではないか。これが池のメッセージ、つまりその足跡の意味なのであるから。

なお、彼が自伝を「境界線を超える旅」と銘打った理由であるが、彼自身の説明はない。ただ、彼が植民地統治下と解放後との境界線を、また、韓国における軍部独裁と民主化との境界線を、さらには、日本と韓国という二つの社会の境界線をそれぞれ越えて生きてきた、そして越えるために境界線はあるのだという意味が込められていたと私は推測している。

第二章

韓国からの通信

池明観がT・K生の名で一九七三年五月号の雑誌『世界』に初めて執筆し、その後、八八年三月号まで掲載された「韓国からの通信」は、その半分程度が再編集のうえ岩波新書判となってさらに多くの人々に読まれた。『韓国からの通信―一九七二・一一～一九七四・六―』（一九七四年八月刊）、『続韓国からの通信―一九七四・七～一九七五・六―』（一九七五年七月刊）、『第三・韓国からの通信―一九七五・七～一九七七・八―』（一九七七年一〇月刊）、『軍政と受難―第四・韓国からの通信―』（一九八〇年九月刊）の四冊である。「匿名にしたのは、まずは、監視の目を逃れ、何よりも韓国に残っている私の家族を守るためで」、雑誌『世界』の編集長安江良介の計らいによるものであった。執筆の材料は、「一カ月に何回か秘密裏に送り込まれた、日本人をはじめとした多くの外国人が持ち出した資料に依拠して」いた（池『T・K生の時代と「いま」―東アジアの平和と共存への道―』二〇〇四年）。

四〇〇字詰め原稿用紙で一万枚を超えるこれら通信は、文字通り朴正熙独裁との闘争史、さらには朴以後にも続いた残党軍部にたいする民主憲政のための苦難史である。同書以上に読み手をして韓国の現代史を理解せしめ、読者の良心を喚起せしめる記録はないと思われる。現代政治学の書としても後世に長く残るであろう。なお、同書（第一集）については、倉塚平氏の読後文があるので、数節を引いておきたい。

「……一九七二年十月、戒厳令を敷いて朴政権が居直って以来、口を開けば刺し、耳をそばだてれば打ち、目をあげれば抉る寒風が吹きすさんでいる。それは日一日と激し、いまこの瞬間にも、その国の最良の息子たちを死へと奪い去らんとしているのである。だがこの荒涼たるツンドラの下には、決して凍てつくことのない民族の良心が脈打っている。それを克明に証言するものが、ほかならぬこの『韓国からの通信』である。しかもそれは、不退転の決意をもって戦う韓国民衆の集合的努力の結晶として、わが国の民主主義者に向けられた心からの連帯のよびかけでもあるのだ。……」（倉塚「『韓国からの通信』を読んで」『韓国からの通信』所収）

「韓国からの通信」は、池一人の仕事ではなく、韓国内外の民主化をめざす人士の連帯の作品であるが、池自身の政治的社会的分析の鋭さ、予見・洞察力とともに、そのロマンティスト、ヒューマニストとしての個性を遺憾なく映し出している点、彼の人と思想を知る上でも貴重な著作である。以下、この歴史的な記念碑を概観していくが、読むさいT・K生である彼があたかも韓国内に居住しているかのようなスタイルになっていることに留意してほしい。「通信」を読むためには韓国の教会史についての予備知識も必要であるかもしれない。この点は「第三章　信仰・思想」で若干言及しておいたので参照してくださると便宜かと思う。

なお、「韓国からの通信」との関連では、雑誌刊行活動も注目される。それは池が編集兼発行人となって日・韓・米・独などにおける民主化運動の推進者の連帯をはかった国際的雑誌『歴史批判』（英文名、MODERN PRAXIS）で、内容については紙幅の関係で言及できないが、寄稿者にはI・ウォーラースティンらがいた。

『韓国からの通信―一九七二・一一～一九七四・六―』（第一集）

（一）一九七二年一一月。「悲観と拒絶」（カギカッコ内は小見出し。以下同じ。）

一九七二年一〇月一七日に朴正熙大統領は全国に非常戒厳令を公布。二七日には非常国務会議を開いて憲法改正案、永久執権を狙う、いわゆる維新憲法を議決し、公布した。池の「韓国からの通信」第一声は、一七日の戒厳令施行下、新しい憲法に反対する「流言蜚語」を取締る韓国中央情報部（ＫＣＩＡ）や警察の動きを伝えるとともに、韓国人の伝統的な二つの態度――力の前にひとまず身を潜めるかと思うと忍耐も限界点に達するや爆発する――にふれる。そして、戒厳令公布以降の状況につき、「多分相当気味の悪い見通しだといえると思う」と書きつつ、韓国人の弾力性と自由への希求、アメリカ人の支援と韓国教会という強力な要塞への期待を明らかにしている。第一声にもられた悲観的予感にもかかわらず、希望を表明した点にまさに彼の発想・態度を含めた生き方が当初から提出されている。

(二) 一九七三年一月。「教会をファシズムが襲う」

一九七二年一二月二七日に朴が第八代大統領に就任したが、これに先立ち、一三日に全羅南道全州市の南門教会の牧師、殷命基《インミョンギ》が祈禱中に連行、拘禁された。戒厳令下の改憲作業に協力を拒んだ殷は、流言蜚語を流布したかどで起訴されたが、この事態にたいし、池は「教会は、この事件はファシズムの教会弾圧の始まりだという無言の中の統一された意志によって、この線で崩れれば教会の総崩れになるのだと抵抗している」と書き、教会が抑圧体制への強力な要塞であり得ることを伝えた。

(三) 一九七三年二月。「女工たちの歌ごえ」

韓国の労働運動はほとんど身動きのとれない状況にあったが、そうしたなかで、彼は、女工地帯で活動しているカトリック労働者の会とプロテスタントの都市産業宣教会を紹介し、さらに大韓毛紡株式会社での労働争議をとりあげている。女工の労働条件は苛酷で、土曜日の夜と日曜日にかけて一八時間就労が強要され、彼女らがこれに抗議、是正をもとめた途端に解雇されてしまう。こうした産業風土を作り上げた要因には外国の投資を誘致して延命をはかる反動政権の存在だけでなく、「かかるファシズムの体制は、実は国際的な政治や経済機構によって支援されているということを忘れてはならないであろう。」名指しはしていないが、この体制を支えている大きな存在は日本の企業である。

（四）一九七三年七月。「わけのわからない政治」

一九七三年六月二三日に朴大統領は「平和統一外交政策についての特別宣言」を発表、金日成《キムイルソン》朝鮮民主主義人民共和国（北朝鮮）主席も同日、「高麗連邦共和国」構想を逆提案し、いわゆる南北政治体制の共存がはかられるかに見えた。しかし、対北朝鮮政策の転換が発表されてから、国内の反共運動はますます強化され、容共スパイの摘発などがつづいた。法治国家の体をなさない司法の現実を前に、多くの人は末期的な症状だと嘆息するばかりであった。しかし、池は、「こんな状態の中で、相当多くの知識人が国外にいる金大中《キムデジュン》氏のことを憂えている。」朴政権はほとんど唯一の政敵というべき前大統領候補の金大中を国外で左傾の人々と連絡し、赤の操作を受けていると宣伝するのではないか、と書き、金の身の上に何か異変が起こるのではと危惧した。

（五）一九七三年八月。「むきだしの権力」「金大中氏事件を見守る」

池たちが金大中の身辺に注意を向けていた矢先の八月八日、前大統領候補は東京のホテルグランドパレスから拉致された。日本やアメリカ政府の介入があったことで、金大中はソウルの自宅前で全身傷だらけの姿で解放されたが、この拉致という所業について池は、「ソウルの市民たちはまたむきだしの権力、裸の権力にであってぞっとした。」拉致したのは韓国のＣＩＡである。金大中も韓国国民も政府の暴力だとは口にしたくても出せないのだ、と書いた。いやもっとはっきり糾弾した。これは「上御一人」＝朴正熙の指示による計画だと。

この「通信」の結語に、金大中事件について韓国政府は捜査ではなく、巧妙に世界を欺瞞することを研究するだろう。外国の力によって危地を脱し、奇跡的生還をとげたことで民族的シンボルになった金大中を朴正熙がそのままにしておくはずがない。朴らは政敵を殲滅《せんめつ》することだけが生存の道だと確信している。このむき出しの権力を抑える力が自分たちにではなく外国にあることには心中苦しみを覚える。しかし、何より抑制力は日本国民のヒューマニティと良識、日本のマスコミの温かい支援にあることを感謝する、と述べている。

(六) 一九七三年九月。「個人崇拝のマニア」「沈黙の中の一声」

カリスマ性のひとかけらも持たない朴正熙を英雄にしようとする宣伝にたいして、「韓国に多少でもまだ民主的プロセスが残っている間はこのような個人崇拝は考えられもしなかったし、できはしなかった。」しかし、今や、終身大統領に収まった朴に国民は服従し、かつ敬愛するよう強要される時がやってきたのだ。

金大中事件をうやむやに押し通そうとする韓国政府にたいし日本側の対応も怪しい。韓国の民衆は朴政権に不信を抱き、知識人は金大中のことを話題にしては絶望の気分に沈む。こうしたなかで『朝鮮日報』の鮮于煇《ソヌフィ》主筆の九月七日付社説「当局に望むわれらの衷情――決断は早ければ早いほどよい」は、そこに一種の奴隷の言葉に響く用心があるにせよ、韓国における最も良心的な政府批判の声であった。池は、決死の想いで書かれ、まさにゲリラ的な戦法で読者の目に届けられたこの社説を全文翻訳し、紹介している。一部を引いてみるとこうである。

「この頃われらの心情は、知りたいことがあるのに知ることができず、話したいことがあるのに話せない状態で、非常に憂うつであり胸苦しい。」何が知りたいか。金大中事件の真実である。この事件は徹底的に糾明されるべきで、それは何よりも「われら韓国国民自身の人間的権威の回復と道徳的誇りの高揚のために何よりも貴重な作業である。」為政当局高位層の高い次元からの決断を望む。祖先の残した山河は五穀を実らせ、鳥はさえずり、村々には活気が溢れている。「まもなく新米で餅を作り祖先の霊前に捧げなければならないこの国民の胸を濡してくる不安はなに故であろうか。なぜ罪のない善良な国民がこんなに胸を締めつけられねばならないのか。神よ！　この国民に許しと祝福を！」

池は、鮮丁輝主筆がもとめたのは日本の為政者の断乎たる決断であり、「日本人のみなさまが友情ある関心と支援を続けて下さることを心からお願いする」と結んだ。池には金大中事件が韓国内で生じている諸困難の焦点であると認識されていた。

(七)一九七三年一〇月。「『賊反荷杖』という言葉」「すべてがゲリラ戦法」

金大中事件についての韓国国会での質疑を紹介しつつ、ひとたび権力側につくといかに知識人が反知性的・反動的になるかの実際を、金竜星《キムイヨンソン》議員(維新会所属のいわば勅選。かつては野党機関紙『民主戦線』の編輯人で、金芝河の「五賊」を掲載して逮捕されたこともある)や、閔丙岐《ミンビョンギ》議員(元高麗大学の国際法の教授で、日韓条約反対の先頭にも立ったことがある)の言論に明らかにしている。権力に身をゆだねた彼らを名ざしで批判する筆調には池の怒りがほとばしっている。

また、日本の言論人として韓国政権の提灯持ちをした長谷川某には軽蔑を込め、「(『朝鮮日報』の九月十三日に現われた長谷川の特別寄稿を読み)ソウルの多くの市民たちは長谷川氏の『友情』に苦い思いを反芻しなければならなかった。何よりもそこには悲劇の人金大中氏、いや、いま暴力の下で苦しんでいる韓国人にたいする友情は一かけらもなかったからである。そこには朴政権と韓国のCIAにたいするあまりもの理解が溢れている。……韓国人は彼の『友情』を見抜くぐらいのセンスはもっている」と書いた。

一方、こうした言論にたいし、国会で野党性を発揮した新民党の金泳三議員の発言を要約し、さらに金議員以上にきびしく政権への批判を試みた鄭一亨議員(張勉政権時の外務長官で、韓国政界でもっとも尊敬を受けている長老)の質問をとり上げている。なお、政権党は鄭議員を懲戒処分にしようと決議したが、処分はできなかった。

「賊反荷杖」という、どろぼうがかえって主人に向かって鞭を取るさまをいう言葉は、韓国でよく使われるが、池は、与党が野党にたいするのも、韓国政府が日本政府にたいするのも、まさに「賊反荷杖」だという。この「通信」には彼の強い個性、正邪を区別する感覚がみなぎり、歴史の法廷を前に、彼は朴正熙に忠誠をつくす反動的な言動を記録、紹介する。

（八）一九七三年一一月。「ガス室の噂」「叫び　また　叫び」「重なる生活苦」

一九七三年一〇月一七日にソウル大学校法科大学の崔鍾吉《チェジョンギル》教授が学生の側に立った主張をしたかどでKCIAに連行され、拷問死した。この事件を伝えた池はさらにKCIAの拷問にはガス室も使われることや、大学生たちの続出するストライキ決議、彼ら学生が国外からの情報を欲していることなどにふれる。そして、石油危機・物価問題に国民は苦しめられているのに、政権はハーマン・カーンのような人間を連れてきて韓国の経済的奇蹟を宣伝させている。大学教授たちは御用学者の嘘に聞き入って国民の喚きには耳をかそうとしない。学生たちはこの知識人の態度を最大の悲劇だというが、池は、「汚れた知性、澄みきった良心の対照を思わざるをえなかった。その時にもデモをした学生たちは冷たい牢屋の中で拷問を受けていた」と学生たちの叫びに悲痛の想いを隠さない。

（九）一九七三年一二月。「改閣の後」「もう一つの理由」「抵抗は続く」

一九七三年一一月一日、日韓両政府高官は金大中事件に関する両国間の話し合いはすべて終わった、外交的に決着した、と発表した。翌二日、金鍾泌首相は来日して陳謝。各大学にデモ、同盟休校がひろがるなか、朴大統領は一二月三日に内閣改造をし、拘束学生の釈放を指示した。しかし、池は、この突然の内閣改造も実質のないものであるとし、学生の釈放もアメリカとの関係（アメリカの圧力）に由来したに過ぎない。「朴正熙は決して自意で後退する人ではない。血を見ても退かない人である。……神よ、またもや血に染った四月にはならないように」と書いている。

朴政権は、南北統一を可能にするため、政治に中断が生じないように、一人独裁をつづけるのだとの名分を掲げていた。しかし、金大中事件後、南北対話も進捗せず、ニクソン政権のキッシンジャー国務長官は来韓して朴に南北対話を促がした。怒った朴はキッシンジャーが退去したあと、灰皿を投げたという。

なお、金大中が出国できるよう日本の知識人が行動に出たことを韓国メディアが小さく報道したが、この扱いでも韓国の知識人を鼓舞するには大きな出来事であったと池は歓迎する。日本人の行動が韓国でどのような反応をもつかを知らしめる「通信」である。

（一〇）一九七四年一月。「小さな勝利」「明るい目と暗い目」「恐怖マヒ症」「嵐を待つ心」

日韓関係は政治だけでない。日本の漁船が韓国の沿岸に緊急避難で寄港したと見せかけて、出航時にふぐなどの「黄金魚種」を濫獲していることが韓国の反日国民感情を刺激する。逆に妓生観光に反対した梨花女子大生の行動に日本の女性が同調すると、日韓に共同の戦い、小さな勝利が生まれる。池はこうした小さな事柄に目配りしている。

また、韓国の仏教者で、一九七三年一一月五日の民主回復をもとめる「時局宣言」の署名者の一人、法頂《ポプジョン》のエッセイをとりあげ、法頂は権力層の目の暗さにくらべ、祖国愛に燃える民衆の目の輝きに注目している。それは光とくらやみとの中で選択して生きるという讃美歌の一節にも符合する話だと紹介する。

暗い目付きの人々である金鍾泌《キムジョンピル》、李厚洛《イフラク》、朴鐘圭《パクジョンギュ》らの内部権力抗争にも筆はおよぶが、日本の新聞にたいする批判も率直である。ニューヨーク・タイムズなどとは違って、日本の新聞は韓国政府の発表以外は何一つ報道しない。人々は「やはり日本の新聞はだめだと言いあっている。そして日本の新聞を黙らすようにしたのは、日本のいわゆる親韓派政治家と財界と韓国の朴政権の合作だといわれている。日本の新聞はそれに進んで協力しているのであろう。こうしてわれわれの間には日本の文化人にたいする失望と軽蔑がまた広がって行く。」

池が、こうした韓国人の複雑な心理を日本人に伝えていくのは日本がアジアで信頼をかちとり、和解を達成することに成功して欲しいとの願いからである。「こういったわれわれの心理のコンプレックスを日本の知識人や言論人は知っているのであろうか。知らなければ日本がアジアにおいてつくってきた悲劇の章は決して終らないであろう。」

一月一七日、キリスト教会の牧師たちが朴大統領の公布した緊急措置第一号、第二号（改憲運動の禁止や報道管制など）の撤廃と改憲論議の自由、さらには維新体制の廃止を要求する声明を発表した。彼らは、貧民のために、また韓国の労働組合の多くが御用化している状況下で労働者のために宣教してきた牧師で、殉教の覚悟で革命の嵐を吹かそうというのである。彼らの自爆にも似た行為は確かに一大衝撃を与えたが、池は彼らの心情を想い、彼ら良心的牧師があとに残して行く家族のことを案じて啜り泣いたように、泣き、神に嘆願したという。

（一一）一九七四年二月。「国民的英雄」「血腥い日」

池の朴正熙批判は常にきびしいが、たとえば友人の言葉を借りた体裁でこう述べている。「朴正熙を正常な人だと考えるわけにはいかない」と友人はいう。朴は幼い時から兄夫妻の下できびしく育てられた反動で復讐を誓ったともいわれている。その意地で官費の師範学校、ついで満州軍士官学校に入った。そして解放後は共産主義者になろうとしたが、寝返りして同志を裏切った。「このような男にいま民族の運命をゆだねて皆がいらいらとしている——友人はこう言ってため息をついた。」

その一方で、池は友人たちのなかにある金大中にたいする期待の大きさを紹介し、日本の友人たちに訴える。金大中は恐怖感にかられているようだが、もう少し動くべきだと批評する声も聞く。しかし、現実政治により関わっている者たちの意見は違っている。金は、慎重にしているべきである。韓国外の空気を彼に吸わせることができるよう海外で努力を継続していかなくてはならない、と。

「われわれは金大中氏が抵抗勢力ももたずに一人で殉教するというような悲劇の主人公になるのを避けるために努力しなければならない。……このことを日本の友人たちもわかってもらいたい。ほとんど沈黙におしやられている日本の世論に訴えても無駄なのかもしれないが。」

朴政権はソルジェニーツィンを悲劇の人としたソ連の政権よりも「遥かに無知であり暴虐的であり反歴史的」なファシスト政権だと書く池は、血を強要する政権の手で延世大学生が痛ましい犠牲となったことにふれ、「私は胸の裂けるような思いで、もうすでにこの世にはないあの学生の父母のことを考えざるをえなかった。確かに朴政権はたおれて春はくるであろう。しかし彼らは『愛するあの子が死んで一体新しい民主国家って何だい』といって『アイゴー』と泣き崩れるであろう。民主国家を取り戻して晴々しく光る若者たちの顔をみれば、彼らはなおさらのこと叫んでは泣きむせぶであろう。……神よ、この悲劇を避ける道はないのですか。」

池の「通信」は祈りでもある。

(二) 一九七四年三月。「政治的シンボリズム」「成熟した時」「詩人が悶える時」

一九七四年三月二日、非常高等軍法会議は張俊河に一五年一〇カ月の、また白基玩《ペククワン》には一二年の刑を下した。

（すでに「第一章　池明観の足跡」でもふれた）張俊河は月刊雑誌『思想界』の発行人としてかつて李承晩批判をし、マグサイサイ賞を受賞した。朴正熙を「ワンチョ（盗賊の親玉）」と非難して投獄された経歴の主に池は敬服していた。「流言蜚語一言で一五年の刑を言い渡す」暴政のもとで大学生が依然連行され拷問されているとき、韓国国民は学生たちの行動に期待しているばかりであった。池はこのような状況を、「この国民とは、なんとかなしい人々であろう。……この時期を注視しながら、若い彼らに祖国の運命をまかしているような意気地のなさを、歴史はどう記録するであろうか」という。

自分も安逸の場所にいるではないかと自問しながら、このような文章を綴っていくことは血を吐く想いであったと想像される。彼の心はいつも祖国の人々とともにあったからで、同じ「通信」のなかにこう記している。光州の紡績会社の女工が劣悪な労働条件について次のような投書をした。彼女は朝五時に出勤し、終業後も手当なしで、解雇した雑役人夫の仕事であった清掃を一時間させられ、そのうえ一時間の「教育」を受ける。油と塵と湿気で濡れている作業靴を勤勉な習性をつけさせるためだとの理由で白い運動靴に生まれかわるほど洗わねばならず、睡眠時間をさらに奪われる。注油工として以前は三、四〇台を担当していたものが今は一〇〇台を担当させられ、嫌なら辞めよ、といわれる無力な女工である。池はこの投書に「韓国の縮図をみるような気がしてならな」かった。

おぞましい干拓事業の数々も新聞で暴露された。農民たちの労苦も莫大な財政も杜撰な事業計画で無に帰し、農民は権力の下に沈黙させられ、涙ぐむだけである。

「こんな現実の中でどう生きるかを問うことは、真面目な人々であるならば、それは、どうしてＣＩＡや警察や首都警備司令部の拷問に耐えぬくかを問うことであるかもしれない。……あるクリスチャンは拷問される時、『主の祈り』というイエス自身の祈りを繰り返しながら耐えたという。……棍棒でやられる時はすぐ手をさし向けて手の骨を折ってしまった方がよいのだという意見もあった。私は苦しくて、その場にいたたまれなかった。……外に出ると、星のまばゆい夜空のもとで静かに眠りにつこうとするソウルの街が異常のように思えた。底にはこんな苦しみをかくしているのに、外の韓国はこんなにも安らかに見える。いや、そこにはこれから美しい春が訪ずれてくるのであろう。冬が長かっただけに、その春はいっそう素晴しいものである。」

苦しくてならなかった。その場にいたたまれなかった。こうした言葉に自らの生き方を表出した池は、「通信」によって韓国内にいる人々へ連帯の声を届けていたが、作家で詩人のゲオルギュによって連帯の燈火がかざされたときには心からの感謝を捧げなくてはいられなかった。『二十五時』の著者として知られるゲオルギュは、パリからやって来て梨花女子大で講演した。新聞も報道したが、その内容は次のような素晴しいものであった。

私（ゲオルギュ）は苦しんでいる人には誰にも帽子をぬいで敬意を表するが、韓国国民ほど地上で苦しんだ民族もないであろう。私は司祭として、詩人として、追放された人として自分の運命をとらえ、ここから苦しむ人々への共感をえた。若いとき、潜水艦勤務をし、酸素不足を知らせる白兎の代用になったことがある。私がよく食べることもできずに苦しんでいれば、艦内の状況が危機であると判断できるので、仲間は私を兎を観察するように見つめていた。その時、「私は詩人がなぜ人類に有用であるかを知った。」詩人が人類に有用な存在であるといったのはベルグソンであるが、このとき私はベルグソンの言葉の意味を理解しえた。「詩人は白い兎の役割で人類に貢献しうる。詩人が苦しめばその社会は病んでいるのだ」。

韓国では、良心的な作家、キリスト者、知識人、学生たちがあえて獄中を選んでいる。これほど詩人が病んでいるのに、権力の座にある者たちは時代のしるしを見ようとしない。欲に目がくらんでいるからである。「韓国には君子の道が昔から伝えられていると聞いた。……偉大な作家はすべてをかけて書く人である。それが真実であるならば、死ぬようなことがあっても書かねばならない。……君子は地上の苦痛のために呻きながらも理想と永遠を追う人であることを想起しながら私はあなたたちと別れたい。」

池はゲオルギュの講演を紹介した一文を「われらの苦しみを知り、人間の苦しみを共にしてくれた詩人よ、永遠であれ！」と結んでいる。

詩人にして作家のコンスタンティン・Ｖ・ゲオルギュは、一九一六年生まれのルーマニア人で、哲学と神学を専攻した。『二十五時』（一九四九年刊）が仏語から日本語に訳されたのは一九五〇年。私（堀）は池の右の一文で学生時代に同書を読んだときの感動を新たにしたが、池もまたゲオルギュの講演に心を打たれたことが伝わる通信を残している。

（一三）一九七四年四月。「民主学生総連運動」「痛めつけられる良心」

一九七四年四月三日、一〇の大学と三つの高校が参加したといわれる一斉蜂起は、「ファシスト独裁政権退け」と叫び、「民衆・民族・民主宣言」を読み上げ、配布したが、警官・ＫＣＩＡ・機動隊・郷土予備軍の警戒の前に大々的なデモとなることもなく終わった。こうした学生たちの動きにたいし、朴政権は同夜、緊急措置第四号を公布、弾圧に乗り出した。反朴運動を行う学生には死刑まで適用し、デモを押えられない学園は廃校にするという猛烈ぶりである。

朴は学生の愛国運動・民主化運動を「北の指令による赤化統一、人民革命の反国家地下組織の行動だといっ」たが、一斉蜂起は三・一運動の民族宣言に鼓舞された運動であったものの北との連絡はなかった。ただ、共産主義＝悪というイメージに訴えかける常套手段は権力の手中にあったし、問題は国内にのみ存在するのではなかった。北朝鮮の対韓攻勢のこともあった。「私の脳裏には『どうしてアカとはこのように利用されるものになったのか。共産主義即悪というイメージに訴えることができると思うようになったか。北は南におけるこの不幸な大衆イメージを拭い去るような新しい働きかけができないものか』という考えが走ってゆくのであった。」

ちなみに、「アカ」のイメージについては、韓国動乱を経験した韓国国民には、「アカであるといえば人権的考慮がなくても黙認するという、残忍な習性が身についている。敵には人情はいらぬという考えが働いているのであろう。だから反共教育は強化されうるのである。」

三・一独立記念日には政府の強要による連合礼拝があった。一〇〇年にわたる韓国教会史上初めてのことである。また、「エクスプロ・七四」なるキリスト教の催しに日米などからもクリスチャンを呼ぶ企画があって開催者の金俊坤《キムジュンコン》牧師には政府の特別な配慮が提供されたといわれるが、池は金牧師を指してこういう。「金さんという人は過去であったなら日本統治やヒットラーの統治にも『悪い面もあるがよいところもある』と讃えながらついていったであろうか。」金のような人物は、「政治的抵抗までに至った信仰の物語に満ちている旧約聖書に目をふさいでいるのでしょう。」

池は韓国の教会とクリスチャンの殉教的行動を貴いものと思うがゆえに、永楽教会のような「金持の教会として常に体制的で勇気ある行為はできない」存在には手厳しかった。なぜなら、そうした教会のなかからさえ殉教者が出たのに、当局を恐れその事実を公表できないでいたのでは殉教者が浮かばれないからである。

この「通信」で彼は今一度北朝鮮にふれ、「北がドグマから、または欲望から南を眺めるのではなく、リアリティを素直に認めて暴力のない平和という民族的念願から南を眺めることができないであろうか。北が朴正熙の暴力と虚偽に向って同じようなやり方で答えるようにみえるならば、実はわれわれの絶望はますます深まる。そして政治勢力のためにわが民族は永遠に救われないのだろうかと嘆息を洩らすようになる。南北間におけるいままでの悪循環を断ち切ることができる次元高き理念による政治のみが、民族主体性の歴史をつくりうるものではなかろうか」と問う。

韓国民主化の闘いは、同時に南北対話・平和協調への途であること。彼はそう主張しているのである。

(一四) 一九七四年五月。「残れる者」「『創作』の名手」「沈黙の底に」

一九七四年四月三日の学生蜂起以後、三〇〇名余の学生が西大門刑務所に収容され、精神的・肉体的拷問を受けているなか、新聞は「時はまさに春、それこそ若い人々の季節だ。……暴風雨の中で美酒を飲む如く心ゆくまで楽しんでほしい。それは健康なあなたたちの特権だ」と社説で空念仏を唱えている。池は、軍事監獄のなかで血の叫びをあげている学生たちを想い、こうした社説を「なんとこれは白々しい言葉であろうか。なんと恥知らずの説教であろうか」と憤る。新聞は朴政権に握られている。とはいえ、かような暴言を吐くまでに「新聞屋」は堕落しなくてはならないのか、と抗議する。

その一方で、学生たちの「転向」を理解する必要を説く。学生たちにたいする拷問は女性の場合には「裸にしていじめて殺したそうだ。強姦をしても忠誠なる取調官はとがめられない。」KCIAでは何十人もの学生が寝ることも許されずにいる。拷問室に入ると四方八方から棍棒が自動的にとび出して叩く。「朴政権は拷問と恐怖政治においてそのもっとも近代化した面目を示しているのであろう。この状況について全世界に訴えたい。電気拷問にかけられて人間の弱さで参ってしまうことがある。しかし、それを単に『裏切り者』とはいえるものだろうか。」

彼は傷ついた彼らをいたわるよう主張する。社会全体が軍事監獄と化したなかで、拷問にも参らず生き抜く人はいるであろうが、参ってしまう人もいる。そのときは一時、仲間に「許してもらって、また力をつけてやるより仕方がない」ではないかという。

一九七四年五月二四日、韓国外務省より日本人学生の早川嘉春・太刀川正樹の二人が緊急措置第四号違反の廉《かど》で逮捕されたとの発表があった。池は、仮にこの二人が何か金品を学生たちに与えたとすれば、ワナにはまったのではないか。事件は朴政権の「アカ騒動」の計画の一環ではないかとみなしたうえで彼らのことについて日本政府は弱腰で、経済利益を優先し、日韓関係を悪化させまいとすることであろう。しかし、金大中事件のときと同様、人権も国民も眼中にない日本政府は韓国国民から「心から軽蔑」されていると書いている。

(一五) 一九七四年六月。「流言蜚語」「背信の権力」「民衆の審判《さばき》」

一九七四年六月一日、ソウル刑事地裁は金大中に六七年における選挙違反容疑ほかで出頭するよう命じた。池は、金大中を法廷に呼び出して精神的拷問をくわえようとするに至ったのは、歴史上最大の不正選挙をした朴正熙が完全に居直ったことを意味すると分析し、金大中に最大限の支援を送る。

「確かに金大中氏にとって、これは新しい危機である。……金大中氏を法廷で見守り、拍手で迎え拍手で送った彼の住む地域の人々や法廷をとりまいていた人々が、彼の法廷における政治闘争に声援を送っている韓国全民衆の代表であることを忘れてはならない。日本もアメリカも、韓国民衆が支援する人と冷静に誠実に相互の利益を求める恒久的な友情ある関係をもつことをためらっているのであろうか。金大中氏は決して無謀なラディカルではない。……」

池は、民主主義にとって死活問題であるということからウォーターゲート事件を追及したアメリカの新聞のように、日本の新聞も金大中事件や二名の日本人学生逮捕事件を追及して欲しいという。それはアジアのため、韓国をはじめとするアジアと日本との新しい関係のためにである。人権を無視する日本であってはならないからである。また、「われわれには世界の、特に日本の良心的人々の支援が絶対に必要である。朴政権が国際的な世論に気をつかっているのは、それがわれわれの民主主義のための闘いを強く激励しているからである。」

彼はこう訴えつつ、自身を顧みていう。

「私は戦いに伴う苦難を恐れる自分の身をふりかえった。死、投獄、拷問、これらがみな戦わないものの想像の中で恐るべきものにふくれあがっているのかもしれない。獄中にいる同志たちはかえって元気で、どこまでも闘争するのだとがんばっているそうではないか。無気力な自分を省みながら、私は果していつまでこうしておられるのかを問うてみないではいられなかった。」

すでにこの「通信」より一つ前の号（一九七四年五月）で、「事実をあからさまに言うならば、CIAや文化公報部は、いままでこの『韓国からの通信』の根元を捜し出して抑えてしまおうとして並大抵ではない努力をしてきた。友人たちを通して、そういう彼らの動きが私の耳にもしばしば入ってくる（いまやつきとめられる不安が増していることも事実である）。」と書いていたように、「通信」をつづけること自体危険な行為であったにもかかわらず、自分はどれほどのことをしているのかと繰りかえさざるをえなかったのである。

『続韓国からの通信―一九七四・七〜一九七五・六―』（第二集）

（一）一九七四年七月。「死刑の判決」「年老いて」

一九七四年七月一三日、韓国の非常軍法会議は、共産革命を企図したとのふれこみで、「民青学連」（全国民主青年学生総連盟）事件被告の詩人の金芝河（さきに「第一章　池明観の足跡」でもふれた金は「五賊」の詩などで体制批判を試みていた）ら七名に死刑判決を下した。日本人学生の早川・太刀川も懲役二〇年の判決を受けた。池は、賊が義人を裁く、実に慟哭《どうこく》すべき事態だといいながらも、ただ慟哭しているばかりではいけない。国内の戦いはほとんど圧殺されているが、海外の友人の大胆な闘争が唯一、国内の戦いを高揚させるすべになろう。「われら同志に死刑が宣告されるこの暗い時期を、ただ絶望として感じとってはならないと思う」と自らを励ました。

また、同時期、朴政権は日本統治と戦った保守的民族主義者の尹潽善《ユンボソン》前大統領までも起訴したが、この事態には「通信」の筆調も激している。「……尹潽善氏の心はいま煮えたぎっているのではなかろうか。一生を愛国者として過した彼がいま、日本統治下の日本軍人として民族を裏切り、解放後には麗水叛乱事件……で同志を裏切り、またクーデターとたび重なる公約の違反とで国民を裏切った人間の前に裁かれる。なんと残酷な歴史であろうか。」

(二) 一九七四年八月。「秘密裁判」「一つの回想」「魂奪いの作戦」「囚人の話」「悲しいこと」

日本人学生二名への判決を前にしても金大中事件のときと同様、日本政府の対応は腰のすわらないものであった。池は日本人学生にたいする日本政府のこの不甲斐なさにいつにない強い調子で書いている。

「金大中氏事件で日本政府は人権よりは経済的利益をと思ったと解釈されている。二人の日本人が他愛もないようなことで逮捕されても断乎としたこと一言もいえない。……日本の為政者は国際的に尊敬されうる日本をつくることを全く考えない短見な人々のようである。居直った朴政権はあまりにも卑劣だと思うが、それにたじたじになっている日本政府はあまりにも卑屈である。」

アメリカ議会が援助削減をもって朴政権の非人道的支配に抗議しているのにくらべ、朴政権と癒着した日本の為政者・企業家はぬかるみの道を歩みつづけるのみだという指摘である。

「魂奪いの作戦」とは「セマウル（新しい村）運動」のことで、日本統治末期の禊《みそ》ぎというか錬成に類似したもの。一週間、朝から晩まで、かけ足から始めて精神訓話を聞かせ、魂を奪おうという計画の実施を伝える一方、池は、韓国には拷問は一件もない、などと国会答弁をする金鐘泌総理も魂を奪われているとまぜかえしている。「通信」は韓国民主化闘争の支援につき具体的に提案した。学生たちの援護と法廷闘争のための財政的援助、祈りとモラル・サポート、調査団の派遣による激励、外国の新聞での事実の報道機会の拡大、そして可能ならば韓国内から真実を語れる人々を国外へ連れ出し対話の機会をつくることである。モラル・サポートにとどまらず、その他の支援を明記した点に韓国内の民主化運動の逼迫感・閉塞感がうかがわれる。

一九七四年八月一五日は光復節である。この日、解放記念式場で朴大統領夫人の陸英修《ユクヨンス》と合唱隊の女子高校生が、朴大統領を狙った在日韓国人、文世光《ムンセグァン》の銃弾に斃れた。衝撃が韓国内に走ったことは無論で、夫人を「国母」などと美化するストーリーも直ちに流布された。しかし、池はこの悲しむべき出来事にたいし別の受けとめ方をする人々の存在にも注意を向けている。

「何よりも深い人間的な同情を示さねばならないのだが、あからさまにいうならば、この事件は、このような韓国の情勢がみずから引き起こしたものとして受けとられた。……もっとも良識的な人々の間においてさえもテロしか方法がないのではないかと平気で囁《ささや》かれてきていた。ただ、そのことがもたらすであろう政治的なマイナスと反動を考える理性があっただけのことであった。……二人の女性……の不幸な死を悼むセンチメントの中でも、この冷厳な事実を忘れてはいけない。」

朴政権は夫人の死までも延命の手段に利用するだろうが、国民はこうした操作には冷淡である、と結んでいる。

(三) 一九七四年九月。「八・一五惨変」「反日の嵐」

光復節式典での悲劇は八・一五惨変と呼ばれ、夫人の殯所《ひん》（殯とはかりもがりのこと。遺骸を棺に入れてまだ葬らぬあいだを指す―堀）には焼香する人々が地方からも動員され列をつくった。この惨劇をめぐっては朴の女性に関するスキャンダルの噂や夫人に政治・経済の私組織があったという噂も広まったが、池はある婦人のコメントを引用し、民衆の声を届けている。「私たちは婦人として非常に気の毒に思います。……悪人の夫に代って死にました。なんといっても夫のために死に場を得たし、あの調子では朴にはいつかは悲劇的な最後が訪れてくるはずなのに、それを見ないで先にいったし。」この時点では無論、それは予感にとどまっていたが、民衆の声はその後の朴の運命を卜していた。

八・一五惨変とそれにつづく反日デモで朴政権はかなり民心を引き戻すことになったが、反日についていえばそこには歴史的体験に由来する感情の問題があった。しかも民心は韓国が世界に門戸を閉ざしたまま一方的に国民に情報を与えていることから簡単に動員される。池はこう書いたが、これはあたかも現在の北朝鮮のような状況である。そして今でも韓国では（あるいは中国でも）こうした民心の動員がなされているが、「通信」では問題の所在の一半は日本が信頼される国になっていないことにあると示唆している。

(四) 一九七四年一〇月。「母の祈り」「反日のしこり」「つのる憂い」「不屈の戦い」「三つの訴え」

文世光による狙撃事件が契機となった反日デモが過激化した。朴政権からのみ来る情報で民衆が暴動化するのを政権は利用して火遊びをする。池はこうした様相にふれ、「朴政権以後の時代にも韓国の民衆は長い間、その後遺症を患うのではないだろうか。善良な開かれた指導層による統治を望む心、切である」と書いている。また、反日デモのさい「断指騒動」があったが、その所業についても明らかにしている。九月九日に反日決意の印として小指を切断した三〇人余の青年たちは、囚人たちで、減刑と報酬を約束されていた。彼らによるパフォーマンスに先立って写真記者と救急車が待機していたというのである。

なお、最近（二〇〇五年に）も反日を高揚させるべく一韓国婦人が指を切り落としたが、私（堀）には三〇余年前の断指衷話とともに悲しい話しである。

池は、朴政権が食糧不足、燃料危機など生活苦にあえぐ庶民をよそに「原子武器」の開発に莫大な予算を計上しているそうだと伝えたあと、日本を含めた大国の責任を次のように指摘している。これは今日の北朝鮮の動向をも予見した一節といえる。

「アメリカは韓国が武器を開発することをあまり喜んでいない。そこで（韓国政府は―堀）カナダと結んでインドのように核開発に進むつもりでいるらしい。その財政は日本のある大会社が支えているが、それは日本自身の核武装の可能性にたいする模索と関連があるともいわれる。大国は核開発施設も強力な武器も自国の利益にさえなれば誰にでも輸出するのかもしれない。それ相応の国家的理性を持っている国ならともかくも、朴政権のような好戦的な、時には狂気じみて、断指の反日デモを罪囚にやらせるように、何をやらかすかしれない政権に核兵器または強力な武器を与えてどうするつもりであろうか。きっと北も黙ってはいないであろう。この地方（域）においてもっとも好戦的な政権の部類に入る彼らにそのような火遊びの危険を許しておこうとするのか。……気違いじみた者に刃物を持たして世界は安眠ができるとでも思っているのであろうか。」

一九七四年一〇月七日、野党新民党の総裁金泳三は国会で代表質問し、平和的政権交代のための憲法改正や拘束人士の無条件釈放を訴えた。この質問演説は議会人に勇気が多少戻ってきた証左であり、金個人も野党も国民の先頭に立つと宣言した以上、簡単に後退は許されないこととなった。

「通信」は、「この演説は確かに新しい歴史を切り開くものであると思える」と論評したが、それは暴力を恐れない自信に満ちた学生たちの存在の確認と平仄《ひょうそく》を合わせたものであった。すなわち、「アカ」とされ、獄中にとられた学生たちの母親や夫の死刑宣告に身動きもできなかった夫人たちの苛酷な状況について、池は書いている。

「私は八人の死刑宣告者の夫人たちの痛切な訴えに接して驚かざるをえなかった。……ある人は、貧しくて友人から高校に入る息子の入学金を援助してもらったことが革命資金を受けたことにデッチあげられてしまった。」そして、彼は死刑に、友人は二〇年の懲役ということになった。アカの家族だというので三歳の子どもが隣近所の子どもたちに迫害されている。子どもたちは彼に木でつくったオモチャのピストルをつきつけて銃殺するのだとおどすというのである。「これほどの社会的疎外と迫害の中で彼らはどうしてこの国を愛することができようか。」

彼女らは子どもたちが軍事法廷で述べたことを外に出て話したということで、情報部や警察署に連行されて多くの審問を受け、殴打されて気絶した。それで病院に移されて治療を受ける時も四、五人のKCIAが来て連日一睡もさせずに審問をつづけ、「一〇余名の警官の残忍な審問攻撃には、傍でみていた看護婦たちもいっしょに泣い」た。

ときは秋。池はこうした報告の末尾に、「いったい韓国における民主主義の回復とはどれほどの犠牲を払わしめるものとなろうとしているのであろうか。韓国の秋空は、また多くの人々の悲しみを飲みこんでいっそう青々と光ろうとするのであろうか。私はあの空を見上げながら嘆息をつくだけの弱い人間であることを恥じるのだ」と独白した。つねにふき出してくる内心の声、前線にいないことへの苛責の叫びである。

なお、この文章中に、思わず、「……あの空を見上げながら……」と書いているが、本人が韓国内にいるのであれば（通信の建前はそうなっていたのである）、「……この空を見上げながら……」の筈である。故国を日本から想い見ればこそ「あの空に」になったのであろう。

（五）一九七四年一一月。「漫画の世界」「人権という病」

一九七四年一〇月中・下旬からキリスト教徒による民主化への動きが活発化してきた。カトリックの池学淳《チハクスン》司教の勇気ある行動が導火線となったもので、二六日にはカトリック神学大学生二〇〇余名によるデモがあり、世人を大いに驚かせた。全羅南道全州教区長も宣言を出し、ほんとうに善良で忍耐強い、温順な国民をこれ以上いじめないで、一日も早く主権を主人である国民に返してくれと訴えた。

池は、世界教会の関心を背景にしたこれらの動きを「かつて一九世紀末に一万名以上の殉教者を出して、それからは社会的問題にたいしてややもすれば消極的でありがちであったカトリック教会が、このように深く意識化されてきたのである」ととらえたが、プロテスタント教会も変化をとげつつあった。これまでのところ韓国の教会は概して保守的であり、投獄された教職者の行動を少数者による政治的な所業と見るばかりであったが、残虐な独裁を前にして彼らの行動に関心を示さざるをえなくなった。

「孤独な少数者の動きがいまやほとんど全教会の叫びとなり広がっている。多くの教派の総会が全員一致して民主回復を叫び、獄中にいる教職者たちは信仰の良心に立って決断した愛国の人々であり、いまキリストの苦難に参加しているのだと宣言して、全的なサポートを声明した」のである。

学生と宗教者はすでに共闘している。そこへマスコミ関係者も新たに参加してきた。「通信」は韓国を代表する二大紙の一つ、『東亜日報』の言論自由への小さな一歩に注目している。同紙は金大中も出席した一一月一二日のカトリック教会の人権回復と拘束者釈放を要求する祈禱会を記事にしたからである。同じく代表的な民族紙である『朝鮮日報』（その当時、紙面作りでは朴正熙をカリスマ的指導者に仕立てあげようとし、国民から非難されていた—堀）にたいして「通信」は、言論本来の使命に立ち戻ってくれるよう期待を表明した。韓国内のメディアが民主化闘争の一翼になる、そうなれば野党議員のパフォーマンスも活気を帯びる。池はこうした環境作りにも意欲的であった。

(六) 一九七四年一二月。「連帯する人々」「国民間のイメージ」

ジャーナリストばかりか、長い間、不道徳な沈黙をつづけてきた大学人のあいだからも民主人士への共感が芽生えてきた。延世大学の一教授は「まがいもなく出席していないことを知っていながらも、出席簿を前にして拘束学生たちの名を読みあげるこの悲しみとやるせなさからどうか一日も早くほどいて下さい」と祈った。高麗大学と延世大学の総長は、それぞれ大学は正道、大道にいで立てるようにならなければならない、学生たちの行動は愛国的なものである、と主張した。大学人に重い腰をあげさせたのは獄中から次のような秘密の書簡をその母親たちに書いていた学生の純真さである。

「……私は縁故のない××に行く友人に毛布などをやってしまいました。古い毛布があればもう一枚入れて下さい。……《ママ》お母さん、悲しい韓国の歴史、その苦難に私たちが参加していることを私は神に感謝いたします。この苦難に参加することは即ち新しい創造のための喜びであり、克服であり、発展です。これは外にいらっしゃるお母さんの場合も同じことだと考えます。獄中にいる友人たちの家族の力になってください。……お母さん、お祈りをされる時、決して『釈放』を祈らないでください。私たちの成長と克服、そして民主主義のために祈ってください。……《ママ》捕われている人々にとっては、外からの小さな関心も大きな力になります。……私に差し入れてくださったものも半分はほかの人にわけてやりました。……《ママ》」

池は「通信」を媒体に韓国民主化の戦いをさまざまな側面から伝え、かつ励ましてきたが、拘束者家族協議会の以下の声明の一節はこうした彼自身の戦いへの参与を一段と強めるものであったろう。

「われらの夫、息子、娘たちは決して罪人ではなく、罪をゆるさるべき人々ではないとわれらは認識している。

われらの夫、息子、娘たちは、権力の絶対化を防ぎ、この地に正義の社会が建設されることを希求してみずから十字架を背負った歴史の守り人であることを自負している。」

(七) 一九七五年一月。「乙卯年の太陽」「『東亜』の戦い」

三〇名ほどの若い記者の行動から始まった『東亜日報』の言論自由への歩みは、一九七四年一二月、ただちに広告スポンサーからの解約や銀行からの融資停止などで報復されたが、読者の熱い支援を受け、『東亜日報』全体が抵抗の精神を発揮するに至った。『東亜日報』の一九七五年一月一日の社説「国民の声援に感謝する」はこう述べている。

兵糧攻めに遭っている社にたいし読者から寄せられる声援は、たんに一企業へのそれではなく、社是である民族主義・民主主義・文化主義への声援であり、「ひいてはわが国の言論自由と民権と民主発展にたいする激励であるとわれらは信じている。」われらは孤独ではない。「『義のために迫害されてきた人たちは、幸いである。天国は彼らのものである』という聖書の言葉を思うようになる。」国民の声援に感激しながら、この偉大な国民を誇りたい、と。

なお、一二月二八日には日本でも『東亜日報』を支援する会が結成された。この動きについて「通信」は、「『東亜日報』の戦いにたいする外からの支援に感謝」を捧げた。国際的癒着によって韓国の民衆が「軟禁されている。それを破るのは、国際的良心の連帯の上に立ったわれわれの戦いである」と認識していた池は、たとえ小さな動きであれ国際的連帯の出現に喜びを見いだしたのである。

（八）一九七五年二月。「コンピューター的独裁」「国民投票」「これから来るもの」

一九七五年一月二二日、朴大統領は現行憲法・維新体制の是非を問う国民投票を実施すると発表したが、金大中らをはじめ民主勢力は投票に反対を表明した。政府による投票干渉、不正操作があらかじめ予想されたからである。投票は二月一二日に行なわれ、投票した者は有権者のうち七九・八四％、朴政権に賛成は七三・一％と報告された。

独裁のもとでは何もかもがおかしい。ＫＣＩＡは獄中にいる者の家族を連行する。人民革命党関係者の夫人は三日間訊問にさらされたあげく、薬物入りの水を飲まされ、夫がアカだという書面に署名してしまった。このことに罪を感じた彼女は帰宅するや、お父さんを裏切ったのだから一家で自殺しようと二人の子どもを誘った。一〇歳になる子どもは外へ飛びだし、「ぼくは死なない。お父さんを取り戻すように頑張るべきだ」と叫んだ。

この話を聞いた金芝河の母親は、ある祈禱会場で、いあわせた情報部員たちに「芝河が有名だからと騒がれたくないから私はいままで沈黙していた。この残忍な奴ら、なんでこの礼拝の場にくるのだ。息子が幼い時は私が息子に教えた。しかし息子が成長してからはいつも私が教えられた。いまは、息子に教えられたように戦うのだ。（Ｋ）ＣＩＡの奴ら、消えうせろ」と怒鳴った。

この母にしてこの子（金芝河）ありだと参会者はつぶやいたというが、金芝河の母親のエピソードは有名な詩人の母親のそれだから素晴しいのではなく、民主化に立ち上がったすべての学生たち、青年たちの母親の精神とまさに通底するゆえに記憶さるべきである。

（九）一九七五年三月。「後遺症の渦巻」

国民投票から三日後の一九七五年二月一五日、緊急措置第一号・第四号による拘束者の釈放が発表され、金芝河らが出獄した。日本人学生の早川・太刀川両名も釈放された。「通信」は、「民青学連事件」のフレームアップを糾弾した金芝河の「苦行……1974」を紹介した。「苦行」の末尾は「私の魂に出会うまで、私の体は戦うのだ。それが殴打の下にこなごなになって散り、あの風に吹かれてなくなるまで」となっていた。

この獄中記にふれて池は、この戦いは「非人間」と「気高き精神」とのそれであり、それゆえ、「この戦いの勝利は、人間精神の勝利として記録される。真の革命と記録される」と書いた。そしてこの戦いに自らが参与できることを栄光と思う、感謝するといわねばならない、それは圧政の下で成長している魂のためにも、と「通信」を結んでいる。(なお、二〇〇五年一二月、KCIAの後身、韓国国家情報院の真実究明委員会は、民青学連事件は民主化運動の弾圧をねらったデッチ上げだったとする報告を発表。二〇一〇年一月には、再審請求をした事件被告人に無罪判決が言い渡されている)

(一〇)一九七五年四月。「傷あとのない拷問」「慟哭の死刑」

野党の統合のために尹潽善前大統領、金泳三新民党総裁、金大中、梁一東統一党党首が原則的に合意した。プロテスタントの連合礼拝に二〇万人が参加した。何かをもとめる声であるが、依然少数者のか細い声である。再び投獄された金芝河が告白書を書いたというが、拷問によってかどうか。

拷問といえば、ある婦人が取り調べ中、睡眠も休息も許されず、与えられた一杯の水を飲んだら耐えられない性欲のとりこになってしまったという。また、アメリカのフレイザー下院議員がソウルに来て出獄した学生たちに会おうとしたとき、彼ら学生をホテルに監禁して「例の一杯の水を飲ませ、指令を与えた『女性たち』を投げ入れたというのである。傷あとの残らない拷問である。この残忍性、この非道徳をどうすればいいのであろうか。」

朴正煕の政権は暴力政権だくらいに思っていたが、殺人政権だった。彼には人間性はない、もはや獣になってしまったのだろうか。池がこのように批判したのは、四月九日に人民革命党事件被告八名が処刑されたときのことである。前日八日に、大法院での上告審判決には被告も弁護士も一人もいないまま一〇分で判決が下された。死体は拷問のあとを遺族らに見せないため当局が直接埋葬ないし火葬にするといい、遺族とのあいだで「死体争奪戦が繰り広げられた。」

結局、機動隊に死体は奪われたというが、問題なのは、判決公判以前に拷問で殺されていたともいわれるこの被告事件に平然と出廷していた一三人の法官たちである。彼らはまさに「殺人者の周囲に結集した極悪非道の人々であるといわざるをえない。『人面獣心』である。しかも彼らが裁く人々であるという。朴政権のこのような道徳的崩壊はカンボジアやベトナムの腐敗した暴虐な政権の姿と同じものではなかろうか。」人革党被告の処刑については、朴正煕が民主人士の保護はアメリカにはできないということを見せしめるために行なったようであり、「通信」は獄中の金芝河や教会関係者のために急速な国際世論の動きが必要である、と訴えている。

(一二) 一九七五年五月。「冬共和国」「緊急措置第九号」

ある詩人は「冬共和国」という詩に「日ごとわれらはそ知らぬ振りをして　もの静かに嘘に耳を傾け　骨を裂く鞭を耐える奴隷だ、下男だ、かかしだ　恥かしい、恥かしい、恥かしい……」と詠んだだけで学校教師の職を奪われた。

一九七五年五月一一日、ソウル大生の金相真《キムサンジン》が大学で開かれた「時局声討大会」で朴大統領の退陣をもとめて割腹自殺をはかった。病院に運ばれる途中、金は息をひきとった。二七歳であった。金は「良心宣言」や「大統領に捧げる公開状」を用意していた。前者には「これ以上いかにしてわれわれは耐えうるのか。……われわれはいま、自由と平等の民主社会に向う決断の旗を掲げて一切の政治的自由を窒息せしめる恐怖の兵営国家が到来したことを民族と歴史の前に告発しようとする……あの地下にて、私の魂は目ざめたまま満足の笑みをもって皆さんの進撃を見守るであろう。その偉大な勝利が到来する日！声なき熱い喝采《(ママ)》を満天下に響くよう送るであろう」とのメッセージが込められていた。

また、後者には朴に向けた次のような言葉が見いだされた。

「なぜ学生たちの真心に耳を傾けようとされないで、なぜ彼らの純粋な愛国心に背を向けられるばかりなのですか。……死をもってお願いします。国民としての良心でもって、本当にひれ伏してお願いします。これ以上、無実の犠牲が現われないよう、これ以上、混乱が起ることのないよう、崇高な決断をして下さることを望みます。」この地に永遠なる民主主義の花を咲かすことを渇望するわが民族が、それを成就するためにいかなる圧迫にもめげずに終わりなき戦いをつづけ、勝利をかちとることは自明なことである、と。

これは愛国者によって民主化の戦いが戦われたことを実感させる文章であり、金の純真さに打たれるが、池もこう評している。「一九六〇年の四・一九の時には、警察によって殺害された一人の少年の死によって学生たちの怒りが火を吹いた。こんど金君はそのような怒りをみずからつくろうとしてその身を捧げたのであろう。苦しい戦いの中で人間の美しい魂はこれほど昂揚されるのであろうか。そして良心を抑える暴力とは、その死をも弔えないように圧力をかけるほどに頽廃してしまうのであろうか。」

学生も教会関係者も弾圧され、連行されてはいじめられる。朴政権は恐怖心をあおることで統治するしかできない。ほんとうに万物が凍てつく「冬共和国」である。

五月一三日には緊急措置第九号が宣布され、憲法を誹謗《ひぼう》したりすれば捜査令状なしで逮捕され、一年以上の懲役になる。一年以上の懲役とは妙な（恐るべき）表現であるが、朴政権のこうした攻勢の前に、批判勢力も雪崩現象を起こしている。低劣な群衆が表面にあらわれ、与党勢力とともに少数者を攻撃する。与党勢力は総力安保国民協議会を組織し、一四〇万の市民を集めて滅共救国を誓った。協議会の議長は在郷軍人会会長である。戦前の日本の大政翼賛会のような状況で、韓国文化広報部は緊急措置第九号を要望したのは国民だと説明した。

この閉塞下、池は、世界の良心の努力に期待をかけたい、といいつつ、「当分の間、不吉な嵐が吹きすさぶであろう。そして重い沈黙が続くかもしれない。……私は決して絶望しない。……しかし、絶えざる民衆の犠牲、若い人々の苦しみに心は激しく痛む」と、心が散々に乱れる文章を綴っている。

（一二）一九七五年六月。「兵営国家」「追放の嵐の中で」

南ベトナムの没落が韓国全土を大きな不安に陥れた。朴政権はこの不安を最大限かき立て、統治に利用する。ファシズムのやり方である。言論人も民族的団結のためにその先頭にたつという。言論の自由を放棄したのである。アメリカのガルフ石油会社による朴政権への政治献金がアメリカ議会で明らかになった。日本からの黒い金を含め、朴政権は権力維持のためにこうした献金で選挙をかちとってきた。

大学人の一部は追放されている。その一方、韓国の政治学者は、六月九日からアメリカの学者を招きマンモス学会を主催している。池は、現実に目をつむっての学者のお祭り騒ぎに「そのようなアパシーの世界が政治学の世界であろうか」と批判している。現実と闘わない政治学など政治学ではないからである。多くの人が反動の渦にのまれていく。彼の眼前には「戦いの始まりは、いつでもみずからの敗北感を克服することにある」と書かざるをえない重い状況があった。

『第三・韓国からの通信―一九七五・七〜一九七七・八―』(第三集)

(二)一九七五年七月。「暗やみの記録」

朴政権は国際的に行き詰まっているが、「ベトナム敗退と北の出方がこの朴政権を救ったのですよ。実際、朴政権が窮地に陥ると北は助け船を出してくれますよ。」「通信」は、KCIA幹部のこうした話しを伝え、韓国の外にいる人々や北朝鮮の体制にこう呼びかけている。

「朴政権はこのような口実(北が南侵するような恐怖心―堀)を作っては国民弾圧に乗り出す。そして批判勢力がようやく駆り集めた民衆の勢力を崩してしまう。これだけは海外にいる友人たちに伝えたい。北は、民衆の支持を失った、腐敗した朴政権をアメリカ軍撤退の時まで続けさせようと計っているのであろうか。多くの韓国の知識人たちがこのように思いつつあることを知ってもらいたい。」

ファシズムと共産主義との選択にさいしてアメリカも日本もファシズムの朴政権を選んでしまう。韓国内に進行している反共総和のもと、体制に批判的な人々はさらに急進的な心情をいだくようになる。「いまはまだ韓国の状況はかつての南ベトナムとは異なるものと見えるかもしれない。しかし朴政権が荒れ狂えば荒れ狂うほど、南ベトナムに似てくるのではなかろうか。……愛国心をもって活躍すべき若い人々は獄中に入れられている。国民は現実を知りうる情報から遮断されたまま、愚かな叫びに動員される。そして自己欺瞞の平和にひたろうとする。」

(二) 一九七五年八月。「八・一五」「孤独な抵抗」

八月一五日は解放を祝う日である。とくにこの年（一九七五年）は解放三〇周年にあたることから記念行事は多彩であったが、一年前の八月一五日にあった陸英修《ユクヨンス》夫人（朴大統領夫人）の追悼行事への動員のため「解放三〇年は光を失うような感じであった。」さらに今年の八・一五を特異にしたのは、朝鮮統治を「栄光の帝国主義」と呼んだ日韓会談時の外相椎名悦三郎（自民党副総裁）が、韓国民にメッセージを寄せ、朴政権を全面支持したことである。日本の権力は韓国で何をしようとしているのか。この内政干渉に日本の知識人も憂いてもらいたい。

「日本の士官学校出身の忠良なる陸軍中尉はとうとうわが祖国をここまで転落させたのか」。「この歴史をいかに破るか。なぜか流血と破滅の歴史が近づいて来るように思えてならない」。民衆はあがいているだけで声をあげられない。椎名のメッセージを前にしても韓国の知識人はもはや憤りの言葉も発せられない。御用教授しか書けない新聞。背信と事大と自虐の時代。池の筆調は陰鬱である。そして、怒りに満ちている。

しかし、同時に、彼はこの特別の日にあたり、自らがあまりに激昂しているのではといぶかしみつつ、民族の誇りに信頼し、自由の日に期待せざるをえないと述べる。なお、国内の民主化勢力が韓国の現状を変更できないとすれば、アメリカのフォード政権や日本の三木政権を北朝鮮との対話、さらには国交開始へと促すことはできないか、とも書いている。

(三) 一九七五年九月。「恥なきを」

第二次大戦中に福岡で獄死した韓国の若き詩人、尹東柱《ユンドンジュ》は「空を仰いで　一かけらの恥なきを……」と詠んだ。女子大生たちは今、尹の詩をうたい継いでいる。ようやく地下通信として目に触れることができた金芝河の「良心宣言」や金大中の「八・一五声明（八・一五解放の理想を実現しよう）」も、「一かけらの恥なきを」と通じるものである。池はこのように書き出したあと、獄中の金芝河ならびに自宅に軟禁されている金大中について次のように伝える。

「金芝河氏の言葉にはあまりにも悲しみが満ちている。そして彼はその透徹した知性にもかかわらず果てしなき希望の幻想に走る。苦難は精神における報償を求めるのであろう。その幻想があるからこそ彼はいまその独房の戦いを続けることができるのかもしれない。……金氏の母親が何日も苦しめられ、……人革党関連死刑囚の部屋に入れられて一層の精神的拷問にさらされているという。……金大中氏の言葉の中にもそのような精神の響がますます広がっているようである。……苦しみは精神の浄化を生むのであろう。全篇に喜びも悲しみも国民と共にしようとする願いが流れているのだ。」

(四) 一九七六年一月。「歴史の証言」

「通信」がもつ役割は多様であるが、その一つは韓国現代史を記録しつづけ、それをいつの日か民族の法廷に提出することであった。池自身、「(記録することがなければ) それは韓国内のどこにも書きとめられずに忘却に押しやられてしまう。今度こそは裁いて、それこそ『民族正気』の正道を築いてゆかねばならない。……それは或る個人を憎んでいうのでは決してない。この韓国が正しい歩みを続けるように、再び過ちを繰り返すことのないようにと願うからである。」

では、今度こそ裁いて、再び誤まることがないようにとはどういうことか。「通信」は次のような例を引きつつ説明している。正義の実現をもとめているのである。

「日本統治時代に学生であった一人の友人が思想犯として逮捕された。彼は日本統治下では学業を続けることができなかった。解放後になっても彼は、中学校も出ていないということで社会の最下層に転落した生活を続けねばならなかった。親日行為をして日本統治下において上層の生活をした人は解放後もその生活が続けられた。子どもは帝国大学出身者として優遇された。正しく生きた人々、民族のために自己を犠牲にした人々はその十字架を解放後も背負わされた。この悲劇がいまでもつづいている。この寒さの中で凍える思いで日々を過ごしているあの獄中の若い人々にはそのような思いをさせてはいけない。それは単に彼らのためだけではない。正しい人が正しく認められない社会であってはいけないからである。」

ちなみに、二〇〇四年九月、「親日・反民族行為真相糾明特別法」が盧武鉉政権下に施行されたが、このような正義をもとめるという精神のもとに運用されるならば、そしてそのような限定のもとでのみ、政治的術策に終わらない民族の正気をもとめる試みとして一定の意味をもちうるのではなかろうかと私（堀）には思われる。かくてこそ日本統治時代から民主化闘争の時代における「民族正気」の在りようを社会正義の観点から再検証する作業の一部となろう。

さて、この時期（一九七六年初頭）、韓国の民主化運動は再び下降気味であった。朴政権に多少批判的にみえた各国の知識人たちが次第に来韓し、政府に大いにもてなされた。こうした訪問者を接待するのが韓国の御用知識人であり、彼らは「国全体を卑劣なファシズムの監獄にしている獄吏たち」である。池はもともと御用学者に目もくれないが、日本などから渡韓する知識人が、これら政府やＫＣＩＡの手先をつとめている獄吏に乗せられないで欲しいと訴える。民主化の戦いは批判的知性とエセ知性との戦いでもあるからである。

「ほんとうに海外の友人たちにお願いしたいことは、国全体を卑劣なファシズムの監獄にしている獄吏たちに手をかさないでほしいということである。あなたたちはフランコのスペインのジェスチュアには讃辞を送ろうとしなかったはずではないか。フランコに仕える知識人の頭脳が明晰であったとしても、それをあなたたちはスペイン人民のためとは讃えなかったであろう。それは虐げられている民衆に石を投げることである。権力に優遇されてもその演技を感動せずに覚めた目で眺める知性であってほしい。」

（五）一九七六年三月。「民主救国宣言」

一九七六年三月一日、明洞カトリック聖堂に七〇〇名の信徒が集まり記念ミサをあげるなかで、民主救国宣言は発表された。一九一九年三月一日のあの民族の喊声、独立宣言を胸に、政治的にほとんど唯一の希望というべき金大中、在野の良心と崇敬されている咸錫憲、マグサイサイ賞受賞者で韓国随一の女性とうたわれる李兌栄《イテヨン》、前大統領の尹潽善、長老の野党議員の鄭一亨《ジョンイルヒョン》などが、民衆の声、良心の叫びをあげたのである。この宣言を前に「国民全体の支援と共感を失った一握りのならず者である」朴政権は、大騒ぎとなり、今度こそ金大中の生命を奪うだろう。

こう判断した池は、金大中を殺させてはいけない。国内外でできるかぎりのことをしなければと訴える。民主救国宣言は、大学教授五〇〇名以上が解職され、学生も追放され、民主化を支援する海外の世論も弱いなかでやむにやまれず発表されたが、その内容は、この国は民主主義の基盤の上に立たねばならない。経済立国の構想と姿勢は根本的に再検討さるべきである。民族統一はこの民族が担わねばならない至上の課業である、というしいたって正当なものであった。

国民が民主主義の担い手となり、軍事緊張に浪費される経済を立て直し、統一という民族の課題に参与するというこの主張にたいし、政府当局は、「ついに外勢を利用してこのような非合憲的政府転覆扇動の目的を達成しようとして、大韓民国に対する各種の誹謗、謀略をほしいままにするまでに至った」と宣伝した。

（六）一九七六年四月。「『救国宣言』以後」

民主救国宣言はたしかに民衆の声を代弁しようとした。しかし、明洞聖堂での宣言の発表があったとき、「民衆の間には感動が見えなかった。以前はそのような時なら熱狂的な拍手がおこったものだ。……恐怖の病がこのように深まった」からである。こうしたなか、カトリック教会の司祭団は、宣言に関与し立件された司祭たちの擁護を表明し、韓国神学大学でも宣言支持の動きがあったように、抵抗は存在した。

（七）一九七六年五月。「慟哭の法廷」

金大中、尹潽善らが出廷した公判での戦いぶりは韓国国民にはまったく知らされていない。孤独な戦いである。しかし、いずれの被告も、「ガリラヤ教会でのように笑いながら誇らかに、そして心安らかに戦っている人々がいる。励ましの交わりがある。そこで良心は鍛えられている。たとえそれは少数の残れる者であっても、やはりこの民族の希望の源泉であろう。」

池は、慟哭に満ちた、残酷な法廷であっても、このような人々が存在する限り、まだ「民族の祝祭が楽しめる」われわれだという。

（八）一九七六年六月。「教会と裁判」

民主救国宣言を発表し投獄された人たちの家族の闘いぶり、とくに夫人たちのそれが偉大である。彼女らは夫たちに「神にまかせて、法廷で語る言葉についてはくよくよ考えないようにといってやりました。信仰がもっと深まるでしょう。神は捨ててしまわれないでしょう。勝って勝って勝つのですといってやりました……」。池はこのような言葉を耳にしたとき、「涙を覚え、何かにすがりつきたい気持であった」と書いている。彼には韓国にあって彼を支える母親や夫人姜貞淑《カンジョンスツ》、そして、これらの婦人たちの励ましの声とは一つであった。

(九) 一九七六年七月。「金大中氏の証言」「絶え間ない拷問」「裸の王様」

一九七六年六月一九日に金大中が出廷し、一〇〇人の傍聴人は存在するものの外の世界には伝えることの困難な陳述を試みた。金は理路整然と、静かな雄弁で、解放の神学を論じ、バイブルを引用し、裁判部をたじとさせたというが、傍聴の人々には目をやらず、微笑することもできないほど、疲れ切っているようであった。

韓国内では目に見えないところで残酷な拷問がつづけられていた。拷問については口外しないよう保釈時に誓約させられるが、拷問の跡が残っているので隠しおおせない。かつて聖職者などにはなされなかった拷問が彼らにくわえられているから、韓国教会は世界教会に訴えている。アメリカも介入せざるをえないようである。フォード政権からカーター政権になれば朴政権はどのような計略で延命を図るつもりか。朴政権には「新しい事態に対処する新しい経綸はない。ただ新しい陰謀があるだけである」と「通信」は述べている。

さらに拷問についていえば、「取調官たちも、キリスト者ってひどいやつらだ。あれ(残虐な拷問—堀)を耐えるからねといっていた」というが、たとえば法廷で文益煥《ムンイクファン》牧師は、幼い時からの親友で若くして福岡の地で政治犯として獄死した詩人尹東柱(前出)に常に何かしらの負い目を感じつつ、また、雑誌『思想界』をリードして独裁に立ち向かい、不可解な死を遂げた友人、張俊河にたいして残った者の責務を担いつつ、自虐的といえるほどに戦っていた。喪服で現われた咸錫憲の法廷陳述も同じく審かれる者が審く者を審く、といった印象を与えた。

七月三日の公判の模様についても「通信」はたとえば李海東《イヘドン》牧師の次のような陳述を紹介している。

「……入獄の経験をしたのでもっと自由について語るようになるであろう。牢獄の中で私はネズミやハトのように食べて休むが、それは決して自由ではない。生きる自由を持たねばならない。いまや私がふたたび外に出るようになるならば、人権と自由についてどう語るべきかを知るようになった。私は自由社会をつくろうと叫ぶつもりだ。」

　これは獄中における体験を契機に、自由の尊さに深い想いを寄せていく心理的機制と覚悟とを明らかにしているが、私（堀）には世の「政治学者」などはこうした体験は無論、自省もなしに机上で自由をこねているのではないかと思われてならない。

　さて、この「通信」には池が、「それこそ政治神学の偉大な証言」と評している徐南同《ソナムドン》教授の陳述も記録されている。徐教授は、「国家権力を奪おうとしたといわれるが」との問いに、政治権力を握ろうと意図することは民主国家において罪であるのか。国民は政府の変更を要求する権力をもっていないのか、と判事に訊ねる。そして、われわれは政治家ではないので、政治権力を握ろうとしたのではない。「民権を返してくれ」といいたかったのである。民権を民衆にとりもどすために戦ったのである。民権のための戦いにかんする教理がキリスト教にあるかどうかについては、「旧約の全体、預言者のすべてが、虐げられている人々、権利を奪われた人々のために叫んでいる。新約ではイエスも彼らの権利のために叫び戦った。ほかの宗教も同じような関心を持っていると思う」と述べた。

　徐教授はつづける。ＫＣＩＡが解放の神学は危険であるというが、現在の神学はこの方向（解放の神学）にむかっている。ローマ教皇もこの方向に沿って教書を出している。「この頃は個人の救いよりも、社会構造や社会的事件に関心をもっている。社会悪を取り除き社会構造を変えねばならない。これなくしては個人は救われない。この神学はわが政府を転覆しようとするものではなく、聖書にもとづく世界神学の新しい傾向である。イエスは何度もイェルサレムを訪問した。しかしその都市は、権力、金力、支配者に屈していた。イエスの関心はそのようなイェルサレムにはなく、ガリラヤの民衆にあった。ガリラヤの民衆は権力もなく金もなかった。イエスは彼らとともに生活し、彼らのために心を配った。教会の革新はここから始まる。歴史の主題は民衆だ。……われわれが解放という時には救いを意味する。救いは福音の中心思想だ。その解放とは政府の転覆を意味するものではない。」

池は、徐の発言を丁寧に紹介したが、歴史の主題は民衆だ、彼らの解放が課題だという陳述は民主人士すべての叫びであったろう。

(一〇) 一九七六年八月。「求刑の行方」

一九七六年八月三日、民主救国宣言事件にたいし、弁護士側の証人は一人も採択されぬまま審理終了が告げられ、一八人の被告中一五人にたいし求刑が行なわれた。八月五日には残る年老いた三人の被告にも論告求刑があった。「通信」は、判決の行方はわからないが、求刑の半分ぐらいの刑を宣告し、執行猶予にするのではないか、金大中ら朴大統領に憎悪されている何人かは実刑になるかも知れないと懸念を伝えている。

(一一) 一九七六年九月。「第一審の後」「労働戦線」

一九七六年八月二八日、民主救国宣言事件被告への判決があった。常識や一般の期待を裏切る重い刑で、裁判を支援していた人々には、「われわれにはいつも多少甘い考え方がある。国際関係もあって、このような強硬な態度を貫くとは思わなかった」結果となり、被告全員は高等法院に上訴した。

池は韓国内の情勢をリアルタイムで追うが、なかでも労働事情、とくに女工のいたましさを繰り返し伝えている。彼女らは朝の二時、または四時まで、時には二四時間働かされている。改善のため組合を組織すれば破壊工作にあい、断食で抗戦すれば警察が投入される。仁川のある紡績工場で起こった事件も悲惨なものの一例である。七〇名の女工たちは警察の介入に抵抗すべく裸体になり組合事務室にスクラムを組んでいた。まさか裸体の彼女らに手をつけることはないだろうと奇知を働かしたのである。しかし、警察は突進し、工場の御用側の男性は、これを写真にとろうと大童《おおわらわ》であった。彼女らは卒倒し、この修羅場で機動隊車輌に身を投げるなどした者もあり、「この衝撃で三人が精神錯乱を起こした。」その一人は回復までに四、五ヶ月はかかるだろうという。

ある製菓工場では女工は一日一二時間労働で、日曜日には一七時間から一九時間働かされる。七、八年勤めて基本賃金が一日六四〇ウォンで、五分遅刻すると五〇〇ウォンが差し引かれる。一日一万五千個から二万個のキャンディーを包装しているので指が変形してしまい、ついに彼女らは日曜日の休日を要求したところ、主導者格の者たちは解雇されてしまった。こうした状況におかれていた女工たちが政府に訴え出た嘆願書のなかには次のような一節もあった。

「私は摂氏四〇度を上下する現場で糸を巻くために走りまわって汗は雨のごとく流れ、顔と手はあせもだらけになり、全身綿のほこりをかぶっている私と同僚のために涙ぐんでいる者です。肺を患ったり、一、二年の勤めで当然なことに水虫になってかゆみをこらえきれずにセメントにこすって流れる血を見ては泣きくずれたことが一、二度ではありません。……一一歳で母に死に別れ、幼い弟たちを学校にやるために家を出た時、社会がこのようにきついものであるとは夢にも思いませんでした。このような不運は私個人に限ったことではありません。か弱い韓国勤労者全体の問題であると思うので、力を合わせて戦って行こうと思います。助けて下さい。」

しかし、ＫＣＩＡと経営者が結託して新しい御用組合を作り、自発的組合を不法なものと決めつけている現状では、工員たちの必死の戦いはほとんど悲惨な敗北に終わるしかない。司法は公正ではない。

池は、断絶的な叫びのみがかすかに聞えてくる労働戦線について、「これは今日の韓国社会のシンボルともいえよう。卑劣で残忍な時代である。このような政治権力の下に生きる恥をわれわれはみなかみしめている」と結んだ。韓国全土で数多くの労働問題が起こっていてもその実態を新聞記事が伝えることは実に稀なのであった。

(一二) 一九七六年一〇月。「果てしないアンビバレンス」

例年一〇月一日に汝矣島《ヨイド》のいわゆる五・一六広場で開催される国軍パレードに朴正煕は姿を見せず、パレードもとりやめになるだろうとうわさされていたところ、その通りになった。政府は強力に見え、民衆は沈黙の平和に帰ったようだが、この「虚構の静穏」のかげで朴は心理的に不安にかられている。クーデタを恐れているのだ。「通信」は友人のこうしたささやきとソウルには流言蜚語が花盛りだと伝えている。民主政治が存在しない社会で流言蜚語はその花を精一杯暗闇に咲かせるのであろう。

(一三) 一九七七年一月。「象徴に満ちた日々」

一九七六年一一月二日にカーター政権が、一二月二四日には福田政権がそれぞれ誕生していた。人権を標榜したカーター政権の登場で韓米関係は日本を通してしか疎通しないと分析する専門家もいるなか、朴政権は福田政権に希望をかけているが、これは国防についても日本がアメリカの肩代りをすることにほかならず、韓国国民の反発を招くことになる。朴政権は病院に無料診療を迫まり、バス会社に無料運行を命じたりと民衆操作に躍起である。朴の令嬢までがテレビで父親のイメージアップに活躍しているが、こうした芝居を見ると「ただ恥ずかしい思い」がするだけである。

（一四）一九七七年二月。「即興政治」

程度の低いヤクザ暴力集団のようだと朴政権を批評する池は、この「動物的生存本能においては実に機敏な反応を示す。悪知恵では実に優れている。……その政治というものは、そのようなメンタリティがあみ出す即興政治とでもいおうか」として、いくつもの例をあげている。この場当り政治には、セマウル運動あり、北朝鮮にたいする食糧援助の呼びかけあり、実業学校出身者の優待指示あり、不正公職者名簿作りあり、ソウルから高速道路で一時間圏内での臨時首都建設宣言ありと、めまぐるしい。

「大統領の言葉は絶対である。……しかし、それは即興的であっていつどう変わるか判らない。……その言葉は常に軍隊における夜襲や奇襲のように突然のものである。ここに韓国社会の根本的な不安がある。……不安に根ざすその生活は刹那的になりがちである。」

こうした将来計画もなく着実性もない社会で国民は沈黙している。権力にあやかろうとする両班《ヤンバン》は君主の即興的な言葉をほめそやして自らの権力と富を守ろうとする。真正の少数の儒者ともいうべき、知識人、特に信仰の人々が孤高の抵抗を試みている、「この幼稚な状況を生きることの意味がいったいどこにあるのだろうか。」池は嘆息をついている。

（一五）一九七七年三月。「戦う人々」

尹潽善の大法院に提出した上告理由書は、独裁の法廷ではわれわれは有罪とされても、真理の、良心の、民衆の法廷では、またさほど遠くない将来の法廷では無罪という正しい宣告がなされるであろうと述べていた。池はこの上告書だけからしても尹は韓国史に長く生きつづけるであろうと敬意を表している。

戦う人々といえば、獄中の教会関係者の留守をあずかる夫人たちや、朴大統領あてに退陣勧告書を認めた咸錫憲、さらには二年の刑期を終え出獄したばかりの心臓の弱い、結核におかされた女学生と様々である。この女学生は教会の礼拝に出席し、「また神の召命があれば獄に行きます」と挨拶したというが、池は、「これを伝えてくれる友人も涙ぐんでいた。ほんとうに不屈の戦いである。苛酷な状況の中で戦いながら、彼女らは実に成長したと言わざるをえない」と讃嘆し、自らも涙ぐむ。

（一六）一九七七年四月。「民主救国憲章」「隠れた歴史」

一九七七年三月二二日、大法院は三・一民主救国宣言被告の上告を棄却した。野党新民党の中からも民主救国宣言事件にたいし従来沈黙していたことへの批判が生じた。また、党代表最高委員の李哲承《イチョルスン》が朴政権を日米で礼讃してまわったことに非難の声があがった。しかし、「国民は、その本来の卑屈な姿勢にすぐに戻るであろうと思って、何らそれに期待していない。緊急措置なしには政治権力が続けられない朴政権の下では、野党による政治はなくなって久しいのである。」

池の筆誅は簡明である。野党が野党たりえていない、と。「通信」はまた金芝河の母親と弁護士が金に面会したとき、金は「この戦いにおいてあまり外の人々に期待してはならない、カーター大統領に期待してもいけない、われわれの力で戦って勝つ覚悟でなければならないと強調していたということである。」と伝えているが、こうした覚悟をしめす金芝河は悲壮かつ雄偉といわざるをえない。

（一七）一九七七年五月。「断食闘争」「春の日誌」

カーター政権は「韓国に手をつけて汚れたイメージを作りたくない」と考えているようだ。韓国からの米軍の撤収が取り沙汰され、韓国の高級軍人は米軍なしでは北朝鮮にたいし自信がない、というが、朴正煕はアメリカの圧力がなくなるので米軍の撤収を喜んでいるとみられる。現状をこのように診断して池は、「活字の現実と流言の現実とがからみあえば、この国の現実はほんとうにその正体を把握できない怪奇なものになる。これは外国人のとうてい理解しえないものであろう」と書いている。これは情報が一元的に統制されればされるだけ流言蜚語がさかんになる非民主的社会の構図をいったものである。

　政府の人権蹂躙に抗議するため獄中の金大中が五月七日より断食を開始したが、国内外の友人たちの憂いを知り、六日間で中止した。

　三月、四月の学生たちの抵抗の季節はいったん過ぎ去った。「抵抗側がカーター大統領にかけた希望もインドの総選挙における野党の勝利に感じた喜びもだんだん冷めてゆく。」こうしたなか、抵抗する人々の意志が挫かれることはありえないが、事態はむごい。連行、投獄、テロはつづいている。朴正煕ともっともよく戦った言論人の一人で、「登山事故死とされている張俊河氏の子息が夜、正体不明の怪漢の襲撃で倒れた。……四ヶ月の入院、回復には一年以上という重傷である。家族が分散し、張俊河氏の未亡人がスリッパに花模様を描いて一足三ウォン、一日数百ウォンを稼いでいるという辛い生活である。」

　梨花女子大学の学生の少なくとも五名以上が警察で水拷問を受けた。ある女子大学から連行された一三名は馬乗りにされ、口から水を流入された。そのうち五名は強姦され、二名は起訴された。囚人番号は五二〇九と五二三五である。「女子大生にこのような野蛮な行為をあえてするのは、女性に致命的な打撃を与えてほかの女子大生たちを恐怖心に押しやり抵抗運動を事前に挫くためである。」

　数知れない若者が無名ゆえ獄中での極悪な扱いを受けている。全国的に増大しつづける犠牲者の救援に教会側の支援組織も疲れ切り、弾圧されている。そうしたなかで全州近くの金堤《キムゼ》郡に住む六〇歳近い姜煕南《カンヒナム》牧師は勇敢であった。朴をどうして大統領と呼ぶことができるか。朴は軍の左翼反乱であった麗水・順天事件に参加した。不道徳な結婚をし、女性問題のスキャンダルを起こしては当の女性を追放したり殺害したともいうではないか。このような非道徳的な人間に支配されている国は何と気の毒なことか。朴は自分の罪を隠蔽するために独裁をしているのだ。

姜牧師は、全羅北道民主統一党地方党支部改編大会での祝辞でこう述べ、逮捕された。姜牧師の所属する教会は全会一致で彼を支援する決議をし、彼の態度に学ぶべきだとした。池は、こうした殉教者的行為に人間の気高さを認める一方、なぜ朴政権はこの国の歴史をここまで押し込めようとしているのかと苦悩する。

（一八）一九七七年六月。「母に諭されて」

三・一民主救国宣言事件の文益煥牧師は獄中で二一日間のハンストをした。中止したのはカナダ在住の八〇歳をすぎた老母の説得を受けたからである。母親は息子を抱くと「こんなことではいけない。死なずに生きて勝つんだ」といった。お前のために多くの人がハンストで命を捨てようとする。それでよいのか、と説諭した。ハンストは中止された。文牧師は、「自分は神をためそうとしたかもしれない、また自分の役割をあまりに過大評価しがちであったかもしれないと反省した」うえで、民主化のための自分の戦いは終わらないと強調した。このような決死的な戦いとこれに連帯する可能性について韓国内の新聞もラジオも沈黙している。池は、アムネスティなどが調査し世界に訴えてくれないかといい、さらに戦う人々は誇り高く雄々しい面を失っていないことを伝えたいという。

（一九）一九七七年七月。「金炯旭氏の証言」

金炯旭《キムヒョンウク》前KCIA部長が一九七七年六月二二日、アメリカ下院国際関係小委員会で証言したことが韓国内で二四日報道された。池は、ＫＣＩＡが金大中を拉致したことなどが暴露されたことで朴政権はうろたえ、金炯旭を祖国を裏切った破廉恥漢、不正蓄財者とするなど大童であるが、後世の歴史はどう記録するのであろうか、と書いている。なお、友人の言の引用として、「五月の初めに読売新聞ソウル支局が閉鎖されたのち、日本の新聞は自粛」し、民主主義を主張する人々を極端な急進派と評するなど報道も妙な調子を帯びた。「日本の言論には信用がおけない」ときびしい筆致を見せている。

(二〇) 一九七七年八月。「張琪杓氏のこと」

「朴政権は、全国の兵営化、ファシズムの体制化を全国的に着々と進めている。」全国民を新しい村研修所で訓練させるつもりではないか。こうした状況下に朴政権とキリスト教会との衝突が起きている。たとえば前記の研修所において、神の言葉以外を瞑想することはできない牧師に「朴正熙語録」を瞑想させ、洗脳しようとするからである。衝突といえば四〇〇名余りのキリスト教青年会のメンバーが釜山で会合し、農村、工場、スラムに働く人々の現場報告に接して、「わが家は大き過ぎるのではないか」「食物がこんなによくていいのだろうか」との悔い改めを始め、八月一八日には街頭デモを敢行しようとして阻止された。

また、地下で活動していてこの二月に逮捕された三三歳の張琪杓《ジャンキピョ》が七月、八月と法廷に立たされた。張は三・一民主救国宣言事件の法廷と金芝河のそれとを一つに縮小したような法廷で、金大中のような鋭さで韓国社会と朴政権を告発し、金芝河のような政治的文学的想像力をもって戦っている。従来金芝河の作品といわれ、金も本来の作者を庇《かば》うため事実を明かすことができなかった「民衆の声」という長詩は張の作品であった。

一九七〇年一一月、ソウル市内東大門近くの平和市場で、焼身自殺をもって社会に訴えた二〇代のクリスチャン青年がいた。全泰一《ジョンテイル》である。彼は、被服工場に働く女工たちの労働条件改善のために戦い、ついに万策つきたのであった。当時ソウル大学法学部三年生であった張はただちに全の母、李小仙《イソソン》に会って、この母にしてこの子ありだと感動し、以後、張は学生運動と労働運動の橋渡しに全力をあげていた。この張の最終陳述に「通信」は三頁余も割いている。

陳述は、民主回復の正当性、勤労者の実態、労働運動の核心を語り、非民主的政府と外国資本の下に国民がいかに負担を加重されているかを指摘する。そして、特権階級の蓄財、表面的な国民所得や輸出の増大とは裏腹な国民生活の実際を解剖し、最後に張が活動していた地域の人々への連帯の言葉でこうしめくくっている。「平和市場のみなさんに感謝する。私が逮捕されて、私のために多くの苦しみをうけたことを思うと、耐えられない気持である。しかし問題を正確にみつめると、その原因はほかのところにある。われらの苦しみはわれらが困難な時期に生きていることから起こってくるのである。……同志たちは、われらの目標が覚醒と憤怒と闘争によってのみ達せられるのであって、決して慈善で達成されるものではないということを肝に銘じてもらいたい。政府の弾圧と懐柔に屈しないで、全泰一の心をみなさんの心にしている限り、みなさんに勝利が訪れることを信じて疑わない。」

法廷で傍聴していた女工たちは啜り泣いたと「通信」は書いているが、労働者の抵抗に朴政権はどう対処しようというのか。「ここでも暗い衝突が起こりつづけるであろう。しかし、不義への叫びと抵抗がある以上、決して事態は絶望的ではない」と声を励ますほかはない。「通信」の末尾には蟬の鳴声にかこつけて詠んだある詩人の一節が紹介されている。

「あれほど　歌うことができるなら　のぞみはそれで満ち溢れる……」

『軍政と受難―第四・韓国からの通信―』(第四集)

(一) 一九七七年一一月。「『維新体制』五年」

「通信」は僭主との対決である。韓国内にあって民主化を求める人士はそれぞれの方法・言動によって、また、池は現代史の証言を記録し、抵抗運動と国際的連帯を発展させることによって僭主と戦っていたが、一九七二年一〇月から始まった「維新体制」なる朴体制も五年目に入った。池は心も新たに書く。

学園を追放された学生たちの多くが職業革命家というべきほどに成長し、社会参与に弱いといわれた純文学の雑誌の作家と編集長が獄につながれるほどの作品を掲載する。その一方で、忠孝に身をかためた「新しい心を持て」(セマウムカッキ)運動が朴正煕の令嬢まで登場して行なわれ、自然環境保護運動を展開すると称しつつ農民から強制的に土地を収用しては財閥企業の社員アパートを建てている。「道徳的冷笑主義の正体をきわめることが必要である。」、と。

(二) 一九七八年四月。「東一紡織事件」

仁川市にある東一紡織には一三〇〇名の労働者がいて、一九七二年には女性組合支部長を誕生させた。一九七八年二月二一日、労働組合の代議員選挙を行なおうとするや会社側が妨害した。雇われていた行動隊員の手口は投票にきた女工たちの口に人糞を押しこむという狂気そのものであった。

この事件にたいしマスコミは一行も報道しなかったので、三月一〇日、政府主催の労働節の記念式に女工たちが押しかけ、「いくら貧しくても人糞を食べては生きて来なかった」と叫ぶと逮捕されてしまった。そこで彼女らのうち四〇名ほどが明洞聖堂でハンストに入った。さらに、三月二〇日、三〇名ばかりがキリスト教放送局のスタジオに押しかけたが、局員たちに蹴り倒され、防災用の砂をかけられたあげく、機動警察に逮捕された。

事態は女工たちを念書なしで職場復帰させるとの約束により正常化したかに見えたが、ＫＣＩＡが約束を破った。一二六名の女工が無断欠勤のかどで解雇され、京畿道地方労働委員会もこの解雇を承認した。彼女らの名前は大韓労働総連盟により全国の企業に通達され、彼女らは路頭に迷ったままである。彼女らをはじめ韓国では女工たちの二〇パーセント以上が実質的世帯主で一家の生活を支えているが、その前途は大変悲観的である。

彼女らとともに戦っている女性牧師に趙和順《チョファスン》がいる。その一方、「産業宣教」（カトリックとプロテスタントが合同で労働者の人権侵害に対処している組織）をアカの工作だといって破壊するために全国をまわっている元ＫＣＩＡの洪志英《ホンジヨン》がいる。洪はパンフレティーアで、大学の研究所においてさえ講演している。

池は、韓国の報道では排除されている東一紡織の女工の戦いや産業宣教の実態について、友人の言を紹介するかたちで次のように書いている。

「『産業宣教』二〇年の歴史の中で最も恐ろしい時期に立たされている。朴政権下において人間らしさはすべて破壊された。女工たちに人糞を食わせたことは、この国の労働運動が単に賃金引上げのような労働条件改善のために戦うようなものでないことを示していると、われわれは思っている。一人の人間として扱われていない。われわれの戦いは、暴力を前にして人間らしく生きようとする身悶えだよ。」

(三) 一九七八年六月。「法廷と監獄」

前年七七年に平和市場の労働教室を襲った警官に抵抗し、法廷に立たされた女子労働者三人と男子労働者二人が最終陳述を試みた。それは身を殺して仲間を釈放させようとするものであった。被告の一人、林美卿《イムミギョン》は他の女工と同様、国民学校(小学校)を卒業してから一日も休まず働きづめであった。その林が、「私はまだ幼い。一〇年二〇年獄中にいてもかまわない。お兄さんたちは若い男として外で働かねばならない。お姉さんたちは体も弱く、またお嫁にもゆかねばならない。早くみんな出してほしい。私がみんなに代って獄中に残りたい」と語った。法廷にかけつけていた同僚の女工たちは嗚咽するばかりで、相被告の申順愛《シンスネ》は卒倒した。

獄中の二〇〇名を超えるという無名の政治犯がひどい扱いを受けているばかりか、民青学連事件で死刑にならずに残った人々のことも忘却の渕におかれている。彼らは胃腸病・関節炎・眼疾・神経症などあらゆる病魔におかされている。「通信」はこのような世間一般の目にふれない、あるいは記憶から遠のいていく犠牲者の存在を重ねて喚起している。

(四) 一九七九年三月。「三・一運動六〇周年」

一九一九年の三・一独立運動は、二〇〇万人以上が参加、二万人以上が死傷し、五万人近くが逮捕された民族最大の民衆の抵抗運動であった。この運動六〇周年を迎えても民衆は苦々しい気持ちをかくせず、哀しい現状を押しつけられている。同じ民族のあいだの憎悪・障壁は異民族のそれよりも高く、南北ともに国家予算の三〇パーセント以上を国防費に投入している。対日貿易赤字は一九六六年から七八年末までの総額で一二九億ドルと、七九年度の国家予算を上まっている。人々が反共法でしばられ、インフレに苦しむなか、朴政権は南北統一やら福祉国家建設やらと政権維持の詐欺になりふりかまわずである。

こうした状況下、自宅軟禁されていた民主人士は三月四日になって「三・一運動六〇周年に際しての民主救国宣言」を、尹潽善・咸錫憲・金大中の連名で発表した。これは民族・民主・平和の三・一独立精神を宣揚し、民主主義の回復をめざすべく、（一）民主主義を基本信念とする。（二）民族統一を至上目標とする。（三）平和を切実に希望する。これらを掲げ、犠牲を恐れず、平和的に民主回復の闘争にいで立つと公約したものである。

（五）一九七九年四月。「アカデミー事件」

私（堀）は何度も同じことをいうが、「通信」は韓国の現代史において抹殺されたままになるであろう記録の集積としても貴重である。将来、韓国史研究者が資料を探求するとき、その最大の材料の一つが池の綴った血涙史ということになるのではないか。そうした判断をもたらすのは、YH貿易株式会社事件をめぐる記述に、労働問題として「珍しくもこの事件は新聞にまで報道された」とあるように、ほとんどの類似の事件、労働争議は韓国内で報道されることがないからである。

この事件は、一九七九年四月三〇日をもってYH貿易株式会社を廃業すると公告した社長が商品三〇〇万ドル分をもってアメリカに逃げた。このことから失業に追いやられる五〇〇人近い労働者が籠城デモをした。これにたいし、機動隊が乱入、女性労働者たちが体をさわりまくられ、殴られ、二〇〇名が負傷した事件である（そのうち八〇名がかなりの傷を負い、五名が重傷、一人は意識不明）。YH貿易では女性労働者の組合活動が活発であったことから活動つぶしのための廃業公告であったようで、七七年の平和市場の労働組合破壊、七八年の東一紡織争議破壊とは一連の脈絡がある。

「アカデミー事件」とは一九七九年三月一日、クリスチャン・アカデミーの幹事が逮捕され、その後、二五名以上の人々の逮捕、拘禁、連行がつづいたが、これは朴政権がクリスチャン・アカデミーによる農民教育と労働者教育に危機感を抱くに至ったからである。「通信」は、ＫＣＩＡはアカデミー事件の次には何をデッチ上げるつもりか。いずれにせよ、民衆の動きはますます閉ざされ、苦悶を余儀なくされようと警告を発している。

(六) 一九七九年六月。「金泳三氏の勝利」「勇気ある来客」

一九七九年五月三〇日、野党新民党全党大会が開かれ、金泳三が李哲承を押えて党首に選ばれた。金は大会終了後、まず東橋洞の家に金大中を訪ね抱擁した。金大中が金権選挙を展開した体制内野党、サクラ野党のリーダー李を打ち破るべく金泳三の支援に力を尽くしたのに謝意を表したのである。

咸錫憲も金泳三を応援した。「イランの革命前夜のように、批判的政治勢力と在野の批判的知識人と民衆が結んだ」勝利であった。全党大会の前夜、金泳三は、金大中とともに「民主回復のその日まで同志として戦う」ことを支持者の前に誓っていた。

池はこの結果につき「みんなの心は浮き浮きしている。……朴政権は暴力で新しい事態を抑えつづけ、あらゆる計略を弄するであろう。この多難な前途に金泳三氏に幸あれと祈ろう。」新民党にも在野の民主勢力にも、何よりも尹潽善前大統領と金大中氏にも幸あれ、と勝利を喜んだ。

勇気ある来客というのは、アカデミー事件の関係者の釈放を迫るためドイツ教会から派遣された西ドイツ教会の前ベルリン監督シャーフのことで、彼は一週間ほどの訪問のあいだ、実に精力的に動いた。監督はその直後も再度韓国に飛来し、アカデミー事件で獄中にいる李佑宰《イウジェ》と面会した。ナチス下に刑務所にいたことのある監督は六月三日、永楽教会でウガンダの独裁者アミンの滅亡について、また、ナチスの独裁を滅ぼした歴史の神について語り、「いかなる暴力にもうちかつ信仰を励ました」。

池は、監督の活動に感激し、「どこかにこのような崇高な人間の魂が息づいている限り、われわれは、人生に対する希望を全く失うことはない」と書いた。それは、前年一九七八年二月の東一紡織問題（人糞を女子労働者の口に押しこんだりしたあげく、彼女らを解雇した）の調査のため国際繊維労連から派遣されてきた三人の代表が政府や会社などの接待に応じるだけで、追放された女子労働者に会わずに帰国したことと好対照をしめしたからである。なお、派遣されたメンバーのなかには日本の全繊同盟のアジア地域責任者も入っていた。

（七）一九七九年八月。「ＹＨ貿易事件」

一九七九年春にも廃業公告で問題を起こした、かつらと縫製品製造の輸出会社ＹＨ貿易は、女子労働者の必死の抵抗に遭い操業を再開していたが、また廃業を宣言。二〇〇名近い女子労働者は八月九日、新民党舎の講堂に籠城した。一一日、一〇〇〇名の警察が突入、流血の事態となり、金景淑《キムギョンスク》という女子労働者が生命を失った。新民党の国会議員や青年党員たちが警察の暴力に抗議して籠城をつづけ、大部分の新聞もこの惨事を大きく取り上げたが、「これは一つの変化である。」

（八）一九七九年九月。「自決という虐殺」「再燃する学園デモ」

ＹＨ貿易の女子労働者の死因について警察は説明を三度変更したが、これは実に政治的な死である。ＹＨ貿易のほか、海苔製菓や元豊紡織などでも女性労働者に暴行がくわえられているが、彼女らをはじめとする多くの韓国の労働者は不法の下に沈黙することを拒否し、かつ日本の労働者の支援に心からの感謝を表している。その気持ちを述べた「愛する日本の労働者、友人たちに」という書信は自分たちの闘いや、労働者・農民と韓国内の抑圧されている民衆の連帯などにふれたあと、次のような文章で結ばれている。

「……愛する日本の勤労者、友人たちよ、われわれ両民族間の葛藤と支配・被支配関係と対立と戦いは、決してわれわれ勤労大衆によるものではありませんでした。われわれ抑圧されている労働者たちには、国境を越えて、われわれの共通の敵に向かって力を合わせ、おたがいに助けあう愛と励ましがあるだけです。みなさんの御健闘を祈ります。一九七九年九月、韓国の勤労者たちより」

池は、「苦難の戦いは、このように美しいものを生み出すという意味において、よりよき歴史を準備するといえるのではなかろうか」と書いている。たしかに国境を越えた美しい連帯の呼応であるが、三〇年後の今日、日韓両国勤労者のあいだにこの共助の精神は存続しているのかどうか、私(堀)には確信がない。

(九)一九七九年一〇月。「除名第一号」「民衆芸術」

先に行なわれた新民党の総裁選に党員資格のない人々が無記名秘密投票に参加した。これが問題とされ、金泳三は一九七九年九月八日、新民党総裁職務執行停止仮処分を受けた。さらに一〇月四日、国会議長が国会の片隅の通路で金泳三議員にたいする懲戒動議案を与党議員だけの賛成で採択し、法司委員会に回付した。そして四〇秒で懲戒動議=除名を可決した。野党議員の一人もいない本会議でも、動議は全員賛成で通過した。この間一〇分であった。

金泳三は韓国議会政治三〇年の歴史において除名第一号となった。彼は、除名はまったく不法であり承服できないと述べ、「われわれには国民の絶対的な支持があり、神の加護があるので決して孤独ではない。……共和党政権は今日の国会を権力の侍女に堕落させ野党総裁を議会から追放する暴力政治の下手人にした。……これから民主主義のために、いっそう光栄ある課業を担当するようになるので新しい十字架を担う覚悟である」と決意のほどをしめした。

金泳三の除名のような暗い現実のなかでも池は「自由が育ち民衆が育つこと」に感動している。民族劇の名の下、風刺劇が演じられると数千という若者が集まる。演劇と祝祭が一つになったパフォーマンスが実現する。民衆劇の背後には倫理と政治があり、南北統一への芽もふいている。民衆詩の方向も注目される。労働者と作家が共に学び合う文学上の経験も収穫である。こうした民衆芸術は戦いにおける連帯から成長したものである、と述べていることにそれは明らかである。

（一〇）一九七九年一一月。「去りし者・残れる者」「釜山に吹いた嵐」「残党統治は認めない」

「ついに、一〇月二六日の夕、朴正熙氏は倒れた。それは二七日の早朝ソウルを襲った衝撃的なニュースであった。しかし、多くの人々はすぐに、来たるべきものがついに来たのだと呟いた。」

一九七九年一〇月二六日、ＫＣＩＡの金載圭《キムジェギュ》部長は朴と青瓦台（大統領官邸）近くにある宮井洞のＫＣＩＡの建物で宴席を共にし、その場で朴を射殺した。この事件をめぐっても事情通の解説やら流言蜚語が数多く飛び交ったが、池は、これらの情報をかなり詳細に紹介しつつ、自身のコメントと事件後の展望を次のように述べた。

「このように、ソウルの政界はえたいの知れない流言の中で揺れに揺れている。……このような政治的空白が長びけば、いやがおうでも軍は政治化され、良心的な軍人たちが憂えるように安保が問題になるかもしれない。……ほんとうに多難な道程がいま始まろうとしているが、独裁者の突然の死が、民衆の完全な勝利の結果ではないだけに、古い体制の残りの者たちがまだ道を阻んでいる。そして彼らは去って行った独裁者と同じ口ぶりで秩序維持、北に対する安保を誇張して繰り返している。しかし、前進しだした民衆の歩みは、決してとどまることがないであろう。」

池は、朴の死に至るまでの日々――朴は一九六一年五月一六日に張勉《チャンミョン》政権を軍事クーデタで倒して以来、一八年あまりも権力の座にいた――を回想して、民衆の心の奥底に沈澱《ちんでん》していたすべての怨《うら》めしい出来事が「ついにあのような血腥い事件を起こしてしまった」という。そして、朴政権崩壊の兆しはいたるところに現われていたが、「こんどのいわゆる宮廷惨劇を生み出す大きなきっかけを作った釜山《プサン》や馬山《マサン》の事件」に注意を向ける。

釜山の事件とは、一〇月一五日、釜山大学で起きた小さなデモが拡大、市民や高校生も参加し、釜山市全体が蜂起したかのような様相を呈した。この事件では二〇名前後が死亡したといわれる。馬山の事件とは、釜山のデモが軍港の鎮海《チンヘ》や自由貿易港の馬山に及び、一〇月一八日と一九日の馬山でのデモには学生よりも労働者が数多く参加し、一八日だけでも一七五名が逮捕された。

こうした事態により馬山・昌原一帯には衛戍令が布かれ、ソウルは無論、地方の中小都市も戒厳令下に等しい状態におかれた。機動警察が運動場で待機し、重要な教会は警官に包囲された。「このような状況において、朴正熙氏の死は起こるべくして起こったといわざるをえない。」

朴暗殺の背景をこのように説明しつつ、池は展望する。「韓国の状況については誰もはっきりした見通しをもって語ることはできないが、残党もしくは共犯者たちの継続的支配を許すならば、何よりもアメリカへの失望が大きくなることは確かである。ケネディ上院議員に期待をかける声が多い。……韓国の民衆がこのように戦ってきて、このようにチャンスをつくったのに、人権と民主主義の理念を掲げたカーター政府が、民主化に手をかさずに、共犯者たちにまかせて韓国民衆を抑えようとするのかと批判されよう。」

軍部についての見通しはどうか。彼はこう書いている。

「国民はいま所有しているささやかなものでも失うまいと我慢しているのだが、あの腐敗した残党の支配がつづくとなると仕方なく奮い立つかもしれない。その時、民主的な民間政府を望むといってきた軍部は再び悪しき政治勢力に加担して銃をとるであろうか。その時に、彼らは、いままで主張してきた国家の安全という立場をどのように貫くかという選択の前に立たされるに違いない。腐敗した勢力を擁護する力は真の力にはなりえない。それは単なる暴力になり、国民の良心によって決して支えられない。」

彼は軍部の動向を警戒する。軍を国土防衛に専念させるようにしなければならない。そうした政治体制をつくりあげなくてはならないという。こうした考え方は民主化のために戦う人々の共通の認識であり、それはたとえば金大中がこの朴兇死の直後に作成したという「当面の状況に対する政治判断とわれわれのなすべきこと」という文書にも明らかである。

この文書は、「一、基本認識」、「二、われわれの原則」「三、われわれの行動姿勢」「四、これからの展望」から成り、一において、「一〇・二六事態によって独裁者は去ったが、決して民主主義が来たのではないという事実を肝に銘じなければならない。神と歴史はまだまだわれわれに新しい試練に対処すべき準備を要求している」と他力本願を戒しめ、民主体制回復のために一層の努力を誓っている。また、二で、民主回復のために国民による国民のための憲法制定や、朴政権下の犠牲者たちの権利回復などを主張している。三で、日米などとの友好と経済協力に配慮すること、軍が国土防衛に専念できるよう努力すること、さらに新たに政権をとる者は報復を避けることなどをうたっている。そして、四で、相当の試練を予想しつつも、国民を信じ、民主勢力の団結と力に自信をもつわれわれは民主回復の宿題を達成できるよう、努力しよう、と訴えている。

池は、このタイプ印刷二ページ半にわたる文書の全文を紹介し、「このような金大中氏の見解以上のことを誰がいいうるであろうか。それは穏健でリアルで、民族的理念に基礎づけられているものである」と評している。そして、「通信」の最後を次のように結んだが、それは喜びのほどがにじみでた言葉である。

「ああ、いつしか夜が白んでくる。いままでわれわれを励まして朴独裁と戦って下さった海外の友人、みなさまに、心からの感謝をお送りいたします。いつかお会いして祝杯を交すことができるその日を希って。」

（一一）一九七九年一一月。「明洞YWCA事件」「反動のクーデター」

一九七九年一一月二四日、ソウルの明洞のYWCAに結婚式を装って集まった一〇〇〇名以上の人々が、統一主体国民会議による大統領選出に反対して国民大会を開いた。大会議長に咸錫憲がなり、かつて朴正熙の三選に反対して議員職を失った朴鍾泰《パクジョンテ》が「統代阻止のための国民宣言」を読みあげた。これは朴残党による統治を許さない、挙国民主内閣を樹立しよう、という宣言である。宣言はまた、権力側の金鍾泌、李厚洛、新民党の政府御用化を勧めた李哲承、全国経済連合会長の鄭周永《チョンジュヨン》（現代建設）、御用労働組合の金永泰《キムヨンテ》ら、「反民衆的腐敗特権分子」の審判も主張した。さらに軍が腐敗勢力の延命を助けていることやアメリカの干渉にも批判をくわえた。

宣言が発表されてほどなくソウル市警がYWCAに乱入、連行を開始し、一一〇名余が投獄された。明洞YWCA事件によって民主勢力は軍部、その中核の全斗煥《チョンドウファン》少将が率いる陸軍保安司令部と全面衝突するに至った。

池が「想像に絶するほど残忍な一団」とみなした全保安司令官一派は一二月一二日、鄭昇和戒厳司令官ほか将軍連を逮捕した。「これこそ反動のクーデターである。この行動をおこしたのは全斗煥保安司令官と盧泰愚《ノテウ》第九師団長を中心とする正規陸士第一期の将軍たちである。」

これは族閥クーデターとも噂されたように、全斗煥の義兄李熺性《イヒソン》が参謀総長に推され、盧泰愚は首都警備司令官に任命されている。このクーデターを支援した第一軍団司令官と盧は義兄弟であるという。

（一二）一九八〇年二月。「金載圭氏の控訴審」

朴正熙を射殺した金載圭は正義感の強い人で、何度か朴暗殺の機会を狙っていた。金は弁護士を通じて法廷に「為民主正道」と「非理法権天」なる揮毫《きごう》を提出した。「非理法権天」とは、非は理に譲り、法は権に譲らざるをえないが、その権も天にはかなわないという意味である。金は日本の五・一五事件（一九三二年）や二・二六事件（一九三六年）の例を引いて、自分の命令に従った部下は許されるべきだ。もし、本件によって万一処刑される部下がいれば、自分の財産を分け、彼らの遺族にそれぞれ贈与して欲しいと陳述。暗殺行為についてはこう主張した。

「一〇・二六革命がなかったならば、この国ではいまでも自由民主主義が不可能であったであろう。……《ママ》革命が完全には成功していないが、自由民主主義の土台をこしらえることができたという点では、私が死んでも悔ゆるところがない。……私は戦争に勝利した将軍が何かのきっかけで逮捕されたような気分である。」

　一〇・二六革命の目的は、自由民主主義の回復であり、国家のこれ以上の犠牲をくい止め、アメリカなどとの国際関係を改善することであったと説明した金は、陳述の最後を「自由民主主義の回復を見ずに去ってゆくことが恨《ハン》である。しかし、すべては期約されているので笑って死んでゆくことができる」「私には極刑を与え、残りの人たちには極刑だけは免じて下さい」としめくくった。

　金載圭は、朴正熙が憲法であり国家であったのだから彼を殺害することは革命行為であり、単なる「事故」ではないと主張したが、池はこう書いている。「朴正熙即憲法であり国家でもある状況を変えるためには、あの厳重な警戒の中で彼のような人が決断をおろす以外になかったのかもしれない。……彼は事件に関連した部下たちに『国が道を間違えたらお前らも私もみんな死ぬのだ。民主主義のために』といったそうである。ただ、朴正熙体制が崩れて自由と正義と平等が回復すれば、自分等の生命はないと思うものの勢力が、彼らの考えたよりは、はるかに強かったということが問題であった。彼らの金載圭氏に対する敵意は天を衝くほどのものがある。その代表が一二・一二反動クーデターを指揮した全斗煥保安司令官であるといえよう。」

　池は、この「通信」で金載圭の救命に、また「南北朝鮮民族解放戦線準備委員会事件」の被告の救援に、世界が手を差しのべてくれるよう訴えている。

（一三）一九八〇年三月。「ソウルの春―その状況」

一九八〇年二月二九日、緊急措置九号違反者などの公民権回復が一部認められたが、それは六八七名についての復権で全体の三分の一にも満たない。しかし、やはり民主化への動きを阻止できないことを表現したもので、金大中も政治活動を再開した。「通信」は、民主化をもとめる人々がいまや堂々と集まって時局を語り、戦局を練っている状況を伝えている。

「三金」にふれてはこうである。残党勢力と結んだ金鍾泌の統治は再び国民を弾圧する方向にゆかざるをえないであろう。金泳三は国内の良心的勢力を結集できないであろうし、日本の政治勢力や企業などにアプローチしようとしているその姿勢には失望せざるをえない。金大中は有能で国際的にも優れた手腕を発揮できようし、多数国民の支持もかちえたが、財界官界からの支持はその改革性ゆえに期待されない。金大中は「もっと現実的な政治家として国民の前に非神話化されてゆかねばならないといえよう。」

池は、「三金」を論評したあと、「ついに民族的良識が勝利を得るようになるであろうか。こんどは、ソウルの春と書いた。ほんとうにソウルの春の訪れを確かめることができるであろうか。七年にも及ぶこの通信、この重荷を、春の陽ざしの下で、みなさまに熱い感謝の言葉をお送りしながら、解きおろしたいと想う心、とくに今日は切である」と吐露している。ソウルに春は到来するのか、そうあって欲しい。しかし、それはどうも心もとない。春が訪れなければまだこの重荷を担っていかなければならない。希望とともに実に疲労感がにじみ出た言葉である。

（一四）一九八〇年四月。「御用教授」「金大中氏の周辺」

確かに春である。しかし、いつ季節はずれの霰《あられ》が降ってくるかわからない。その春の運命が、まだ維新残党の手中にあるようにもみえる。「通信」には、大学のキャンパスに吹き始めた自由化の風が、維新体制下に御用教授であった者の進退を問う動きとともに報告されている。警察も軍隊も学園内の動向には大学当局の要請でもなければ介入しないという。全斗煥保安司令官も、先輩からクーデターを示唆されても「そんなことはできないと、はっきり答えたという。」無言の国民の圧力が権力の無重力状態に大きく働いているのだろうと「通信」は伝えているが、警戒は解けないままである。

池の政界分析ならびに全斗煥の動きについての警戒はこうである。金鍾泌や李厚洛は権力的腐敗、密室政治の内輪揉めをしている。金泳三と新民党には改革意思があるかどうか疑わしいし、何より、新民党は長いあいだ、国民に背を向けてきた。民主勢力は従来は政治的リアリズムということで新民党と妥協してきたが、いまや安易な妥協は拒絶する。金大中の第一の関心は民主化である。金大中は新民党に入党しないと声明した。新民党、とくに金泳三が民主化勢力を迎え入れることに誠意を見せないからである。金大中が新民党に入党しないことで野党の大統領候補の単一化は実現不可能であろうと国民は憂慮している、という。

全斗煥の動向については、金が保安司令官を兼任したままＫＣＩＡの部長署理に就任した電撃的なニュースにふれ、次のように予見している。

「全斗煥氏の中央情報部長就任は、明らかに、彼が公然と政治に手を伸ばそうとすることを意味するに違いない。そして崔圭夏《チェギュハ》政府は全く彼を中心とした軍部グループの暴力と脅迫または陰謀の下におかれていることを明らかにしたことである。彼らは何よりも中央情報部の機構とそこにある莫大な資金を或る政治目的のために動員しようと思うのであろう。」

力は力を呼んで彼らは余儀なく表面に出てくるのだろうか。しかし、それは身のほど知らずの賭けであるといえよう。もしもそれが朴正煕の場合と同じように、権力の無限拡大の道を行こうとするものであるなら、彼らの権力は朴の場合よりもはるかに短命であろう。韓国の歴史と国民が大きく成長し前進しているからである。また、国民の支持する市民的民主政府の樹立という国民の夢を最初から否定することは、あまりにも危険な政治ゲームであろう。

いま、国民が戒厳令下で沈黙しているのは、民主化の行方を静かに見守っているからであって、一部の軍人の暴力に屈従しているからではない。しかも、全斗煥自身が中央情報部長に就任したことは、彼のグループの中で誰もがそのようなはかない悪役を買って出ようとしなかったこと。あるいは、彼が信頼できる人を見いだせなかったことを意味するようだ。

それほど彼らのグループは不安定きわまりないものである。これからこのような反動的暴力にたいして、再び身の犠牲をかえりみないでまっこうから戦う勢力は、民主勢力であり、金大中であろう。そうなれば、国民は彼らの選ぶべき政治勢力が何であるべきかをもっとはっきりと見せつけられる。「金大中氏は、そこで国民と直接に触れる戦いを、それが許される限り、最大限展開しようとしていると思える。或る政党の取引の中に民主勢力を縛りつけるのには、まだ時期尚早であると見ぬいている模様である。」

全斗煥グループとその暴力。これは朴の執権よりはるかに短命に終わるだろうと予見しつつ、これと一戦交じえることが金大中と民主勢力の前途に待ち受けている試練ではないかと述べているが、これは池自身の軍部反動との戦いの重ねての決意表明でもあった。

彼は、「通信」の最後に再び金大中の演説――四、五万人が集まったといわれる韓国神学大学での、また一万人以上が参加したというＹＷＣＡ水曜講座でのそれぞれ「道義政治の具現」、「民族魂」と題した演説――にふれ、金に期待を賭ける。彼が戦いを継続する限り、韓国の将来は決して暗くないと展望してのことである。「彼（金大中）はこの国民、この民衆の正義感とエネルギーに根ざし、それを動員しなくては、民主主義と平和と統一はありえないと思う政治家である。彼はいかなることがあっても、いままでのごとく勇気をもってその道を歩みつづけるであろう。」

（一五）一九八〇年五月。「深夜の戒厳令」「光州緊急レポート」

一九八〇年五月一七日の深夜、戒厳司令部は金大中らを戒厳布告違反で逮捕。金鍾泌と李厚洛らも不正蓄財容疑で連行された。一八日午前零時、政府は韓国全土に戒厳令を拡大した。

池は書いている。「軍は国民を守る存在ではなく、まず国民を襲う狼であると思える。軍部の民族化、民主化なしには、この国の市民は安心して寝ることができない。その軍部にたたりがないようにと国民は慎重にしてきたが、ついに彼らは乱動を起こしてしまった。これからどのような悲劇が起こってくるのであろうか。戦慄すべき日々を考えながら、このペンは鈍るばかりである。この便りを送り届けるにも一層の危険が伴うかもしれない」と。

「全羅南道の光州ではすでに学生・市民と戒厳軍が衝突して流血沙汰になりつつという噂がソウルにも流れ出している。」全斗煥一派は民主化への盛りあがりのなかで朴一派の暴力を継承しようとした。この先どうなるのか。「この残忍な軍隊は、国民を鎮圧はできても決して統治できない。……彼らはまったく常識をはずれた者どもである。……恐ろしい日々が続きそうである。」

翌一八日、光州市で学生と市民がデモ。これにたいし軍隊はヘリコプターなどを動員してペパー・フォグを打ちこんだ。光州での空挺部隊の暴虐は言語を絶したもので、連日、抵抗する市民を攻撃し、二七日未明に戒厳軍により市が制圧されるまで、老若男女、子どもたちまでが犠牲となった。女性たちも裸にされてつき刺された。池は、ソウルでは、光州で殺害された者、四、五〇〇名、負傷者は一万名と噂された、と書き、途中経過を伝えるとともに、満身の怒りをぶつけている。

「いま、戒厳軍は敵地に突入するかのように、光州市に突入しようとしている。こうして光州を占領し制圧すれば、その暴徒統治の下でも、恐怖心のために第二、第三の光州事件が起こらないですむのだというのが全斗煥らの考え方である。多くの人が――民主勢力も――残党の力を誤算した……。全斗煥に対する憎しみは天を衝くものがある。殺人魔全斗煥を殺せ、と光州の市民たちは叫ぶ。一週間、光州市民はよく戦った。報復を自制した秩序ある行動であった。

それは外部の支援のない孤独な戦いであった。街頭デモの中止を宣言した学生たちにどうして全一派は襲いかかったのであろうか。このような惨劇をつくり出した彼が、どうして権力を握りつづけて延命できようか。……全斗煥と空挺隊、すなわち空輸団の残虐行為は想像に絶するものがある。その中に……全斗煥も入っていた。それは二〇万の市民を殺しても、政権は生き残れると主張していたグループであった。そういうことを知っていたために、金載圭中央情報部長はあのような暗殺という非常手段に訴えなければならなかった。ついに昨日(五月二四日)、彼は処刑された。彼の勇気ある行動でも朴体制を倒せなかったことに対する憤り、そして彼を失い全が支配する悲しみ、ほんとうに耐えられないものである。……

金大中氏の生命はまた危険にさらされている。彼はアカであり、学生と市民を煽動して青瓦台まで占領させようとしたというように、彼に対するシナリオが進められている。」

このような事態を前に池は国際世論の力で金大中とその周辺人物の所在を明らかにさせようと訴える。韓国内においては彼らを救出する方法はないからである。しかし、国際的圧力といっても、アメリカ政府も日本の政府も、金大中はアカであり、北のスパイや不純分子の介入で光州の事態はひき起こされたのだという全斗煥の言い分に同調しているとき、どれほど期待できよう。むしろ、北朝鮮を意識しながらも、「反日、反米の峻しい道を行かねばならない」のではないか。「日本はアジアにおいてかつての大陸侵略の時と同じような工作と外交を続けている。そして、アメリカは退廃した国になってしまった。」

池はただただ呼びかける。「流血をこれ以上繰り返さないように、あの暴徒軍がこれ以上発砲しないようにと圧力をかけていただきたい。……牢獄内外で多くの人々が、拷問をうけまた殺害されるもしれない。できるだけ早く国際的な調査団を送って下さればと思う。韓国国民の戦いによって、あの残党が退き、民主化の勝利をともに喜ぶことのできるその日のために祈っていただきたい。暴徒によって血を流され、いまは孤立しているあの光州と木浦のためになしうることは何か。それがいま私たちに呼びかけてくる歴史の声であると信ずる。」

（一六）一九八〇年六月。「ああ光州！」「金大中氏の生命は？」

彼は、光州の死の一〇日間についての「胸もはり裂けんばかりの慟哭の記録」を書き記したあと、光州市民の調べでは二〇〇〇名の死者を出したといわれていると伝えた。「それはほんとうに光州市民殺戮作戦であった。……市民たちの行動は暴虐に対する単なる自衛的抵抗にすぎなかった」。軍隊はなぜ全国的戒厳令に先立って五月一七日の昼、すでに光州に向けて移動していたのか。なぜ負傷者を手当てさせず、数多い死体を運び去ったのか、と糾弾した。

彼の光州事件への洞察は簡明である。「五月一七日の深夜から全一派がとった行動は、何よりも金大中氏の除去を目標にしたことであった。」「光州地方を選んだのは、金大中氏を陥れるワナをつくるためである。」

彼は金大中を韓国現代史が生んだ大きな存在、「いまや彼は韓国人にとって唯一の可能性である」と評し、その理念、政治的力量に期待をかけていた。

光州事件を耳にし、池は、多くの民主人士と同様、沈みこんだ。絶望し、「みなさんの激励にただすがりたいような思いである」と正直にいう。しかし、それでも金芝河の「一九七四年一月」という詩を想起して、「通信」を次のように結んでいる。勇気を鼓して耐え抜こうというのである。

「ああ、一九八〇年五月の死を指して　われらそれを背信と呼ぼう　全身をゆさぶって　全身をゆさぶって拒絶しよう　君の手と　私の手に残った最後の　暖かい汗のしずくの記憶が　冷えきるまで」

（一七）一九八〇年七月。「あるじなき歴史」「『内乱陰謀事件』とは?」

全斗煥の率いる国家保衛非常対策委員会は、手あたり次第光州の市民を殺害しておきながら、光州事件以来、「道義政治」「道義社会」「社会正義具現」を目標にしているなどという。あきれてものがいえないが、全一派は破滅するまで暴走をつづけるであろう。全は、朴を暗殺した金載圭をすでに処刑し、権力型蓄財者の金鍾泌共和党総裁から幾分かの財産をとりあげ、公務員の粛正ということで七月九日に高級公務員の一二・一パーセントを追放し（大韓民国成立以来最大の粛正）、一五日には三級以下の公務員四七六〇名を粛正した。あとは金大中を処理するだけだとうそぶいていた。

全はいう。「私は三人の金氏を排除し、中央情報部を縮小すれば、任務を終えることになる」。KCIAを縮小するのは陸軍保安司令部を強化し、政治に深く食いこませるためである。しかし、この事情を「通信」は次のように分析している。朴政権は軍部政権であったにもかかわらず、KCIAがあまりに肥大化して、将軍たちはKCIAの佐官級の監視を受け、私生活まで自由でなかった。全斗煥の上官だった首都警備司令官の尹必鏞《ユンピルヨン》少将はKCIA排除に乗り出したが失敗、一五年の刑を宣告された。尹の信頼あつかった全がKCIA

から幹部三〇〇名を追放、恨みを晴らした、と。全一派にとり残るのは金大中の問題だけである。

一九八〇年七月四日、戒厳司令部は「金大中一党の内乱陰謀事件」の捜査結果を発表したが、案の定、金は共産主義者で学生を煽動して政府転覆をはかり、過渡政府まで構想していたとされた。池は、この結果をお粗末な作文とみなし、「あんなに多くのCIAを追放していなければ、もう少しはましなものになっているはずだと、みんなは笑っている」とヤユしたが、全一派はとにかく粗暴であることに変わりがない。

アメリカの対韓政策は安保観に由来し、日本のそれは企業家の利益に根ざす。日米の資本家やアメリカの軍人は、「韓国においてもっとも腐敗した勢力と結んで、韓国の良心的な国民とは全く異なる韓国像、アジアの安定と平和の像を画いている。それが彼らの目先の利益になると思っているのだろう。」

池は、このように日米の軍事中心・経済優先の対韓政策に批判をくわえたうえで、金大中の身の上に今一度想いを寄せつつ、権力の正統性について注意を喚起する。金大中を殺害すれば、全一派と彼らの支配下にある軍と政府と国民のあいだは、まったく和解しえない段階を迎えるであろう。「韓国においては、勝てば官軍ではない。権力は正統性を持たねばならない。」

これは平凡に見えて実に志気の高い、そして、大切な政治的視点である。池の「通信」のなかにはこうした権力と人間の在り方についての、社会の在り方についての見事な洞察と人間性が諸処に輝いていたことはもはや繰り返さないでおく。

雑誌『世界』における「通信」は、一九八八年三月号までこうした筆調のもとにつづくが、紙幅の関係もあり、唐突ながら、私の概観はここでやめ、あとは「通信」を自ら手にして頂きたいと思う。最後に、後年、池が『韓国からの通信』全四冊について次のように述べていることを紹介し、補足に代えたい。

「喜びよりも深い痛みの伴う追想である。そして何よりも韓国の民主化を支えた、多分、日本の近現代史においてかつてなかったような、あの時のそれこそ燎原の火のごとき、日本の市民の励ましには、いまでも涙ぐむほどである。
そしてそのことが韓国に十分に伝わっていたのだろうかと思うのである。倫理ある社会を求めて戦った当時の人びとの志が忘れられていないだろうか。革命いまだ成らずの感が強い。困難なこのごろであればあるほど、東アジアの平和と連帯のためにあのような火が燃え続けなければと、いま年老いて私はしきりに思うのである。」(『T・K生の時代と「いま」―東アジアの平和と共存への道―』二〇〇四年、所収)
私(堀)自身は彼のそばにいながら、以上のごとき韓国民主化の戦い、不正・非人間的所業にたいする隣人の抵抗に少しも手助けできなかったことに慙愧《ざんき》の念を抱かざるをえない。こうした反省を繰り返しつつ「韓国からの通信」を読んだことを書き添え、犠牲となった多くの韓国市民の方々を追悼する次第である。通信とは「人から人へと心持が伝わること」(鶴見俊輔「日本の大衆小説」思想の科学研究会編『夢とおもかげ』一九五〇年、所収)である。一つの通信がさらなる通信―応答を人々の心持のなかに生みだす。これが通信の意味するところであったから。なお、韓国民主化の一里程といわれる一九八七年の盧泰愚による「六・二九民主化宣言」(「国民大和合と偉大な国家への前進のための特別宣言」)の全文は、『盧泰愚演説集　民主主義と統一の時代』(姜尚求訳、一九九〇年)にある。

第三章

信仰・思想

「あるべき人間の姿、来たるべき真の社会という視点なしに今日の問題を論じてはならない。」

池明観はこう主張する。これは彼の信仰・思想・行動の起点を明らかにした言葉で、現在の世界内のロゴスに満足しない、キリスト教的精神の精髄ではなかろうか。彼の信仰・思想については、すでにその足跡の素描からも、また、『韓国からの通信』の抄録からもある程度は窺われたかと思うが、改めて論じてみたい。なお、クリスチャンでもなく、いかなる宗教にも遠い私には彼の信仰の奥底をうかがい知ることは困難である。しかし、わずかなりとも彼の人格を写し出したいという気持ちから以下も書き進めることを断っておく。

池に奉仕を促したものは、韓国の在野の知識人がしめしてきた権力批判の伝統とキリスト教的精神であろう。後者の精神について彼は、一九七三年の論文「アジアの宣教と今日の福音理解」で次のように述べている。

伝統的な意味の宣教であるキリスト教化（神のみ言葉を宣べ、精神的な、霊的な意味における救いをもたらすようにすること。教会の内ではリバイバリズムを起こし、信仰の同一性を保ち、外では改宗させてキリスト教内に入ってくるようにすること）と、人間化（新しい神学の考え方といわれる神の宣教（Missio Dei）的なそれで、宣教とは教会の内にいる人びとが外に出ること、飢え、苦しんでいる人びとにたいし問題解決のために人間的な努力をすること、ヒューマニゼーション―堀）とは二つにして一つである。

「いわば人間のニード、日々のニードと霊的ニードとが共にあるところ、そこがわれわれの宣教の場であり、そこにわれわれは召されているのである。」「アジアの儒教的あるいは伝統的な権威主義の風土の中で……人間の考え方を変え、その頭脳の中に新しい変化をもたらさないかぎり、アジアの国々の明日は暗いという考えを私は持っている。それでキリスト教化なくしては、人間化もありえないと考えるのである。」

彼のこうした信仰者としての姿勢はその書かれたもの、話されたもののすべてを貫徹しているゆえ、どの著述・講演をとっても良いのであるが、「光とやみの対決」と題された次の一文を見ておくとこうである。

「極端な表現を使えば、迫害も受難もないということは、まだキリスト信仰に徹していないせいかも知れない。光であることをやめてやみに自ら染まっているせいかも知れない。……迫害と受難の常時性を忘れているということは、今この場が信仰告白の場であり、そして受難を耐えるべき場であることに対する自覚を喪失した無自覚の信仰に安住していることを意味するといえないだろうか。」

「迫害の前で生き残ろうとする時には、ただ恐れがあり、周囲にはやみのみがあって、神の御働きのしるしは見えないのである。そのようなやみの中でも、告白的な生き方をしようとするならば、神の知恵に触れ、やみの中に輝く神の御光を見ることができるのではなかろうか。（列王紀上一九章にあるバアルにひざをかがめず、それに口づけしない、残された─堀）『七千人』の存在とそこに働かれる神の御働きを見られるようになるのも、迫害への抵抗を決意した時においてのみ可能であるといえよう。」

彼は、受難の告白の道を選ぶ少数の信仰者はキリスト者として深い自覚的な信仰の所有者であり、こうした人々の信仰が苦難の去ったあと、多数の信仰者または教会全体の共同の所有となり、成長してきたことに注意を向ける。しかし、一層の力を込めていう。過去の抵抗の栄光に生きて、その勝利におごっていてはならない。つぎの時代においては歴史に対応できない敗北者となるからで、「黙示録に記されている『悔い改めなければ』しばしば『燭台』が場所を移されることを銘記すべきであろう。」と（池「光とやみの対決」『聖書と教会』第一九五号、一九八二年六月）。

十字架の宗教とは彼にとり、いかなることを意味するか。それは「決定的なところで奇蹟が起こらないという状況に踏みとどまって生き抜く信仰のこと」である。ボンヘッファーがナチス下の獄中で、「神は御自身をこの世から十字架へと追いやり給う。神はこの世においては弱い」と書いたように、十字架に見いだすのは力の神ではなく、無力な、弱い神である。しかし、このような神に出会うと（「この世の生活において神の苦難にあずかる時、」）成功に有頂天になることも失敗に戸惑うこともない「不屈の楽観主義者」（ボンヘッファー）になる。池もまた不屈の楽観主義者であろうと努めてきたのである。

奇蹟について池は別の言い方もしている。ルカ一五章一一―三二節にある物語――それは失われた一匹の羊が見いだされ、放蕩息子が父のもとに帰ってくる話などである――を引きつつ、「聖書は、決して多くの倫理的な教訓を束ねあげたものではない。それは、信仰によって、また愛によって起こる奇蹟ともいうべき感動的な人生を綴っている。……それは感動の書である。いくら暗い時でも、愛による奇蹟を信じるように力づけてくれるみことばである。」このような愛による奇蹟を信じることができる人は同時に敗北の中に勝利を見ることができると。（後述）

愛による奇蹟についても非キリスト者の私（堀）には容易に理解しがたいが、こういうことでもあろうか。イエスは「からし種一粒ほどの信仰」があれば「この山にむかって『ここからあそこに移れ』といえば、移るであろう」といった。信仰があれば奇蹟を行なうことができる、できないことはなにもないということである。奇蹟を行なうということは、私の理解では、一般的には不可能と思われているところで行為を起こす、新しい試みを始めることである。

池によれば、軍国主義の濁流が人びとを呑み込んでいくなか、『哲学入門』（一九四〇年）を書いた三木清（獄中で敗戦直後、死亡した哲学者）は、この流れに唯々諾々と従う人々にたいして時代を分析し、人間の在り方をしめしたが、こうした営為が奇蹟である。ポーランドの連帯のワレサ議長の戦いも奇蹟である。自動的な時流を打破しようとする行為、そこに人間の自由があるので、奇蹟とは「新しい始まりを造ること」、「歴史の変革に対して楽観しようとする」ことであろう（池『勝利と敗北の逆説』）。

勝利と敗北の逆説

池が一九九〇年に出版した『勝利と敗北の逆説』は、不正が勝利する現実を前に失望せず、聖書を生きる池自身の姿勢を明らかにしたものである。本書について私（堀）は『キリスト新聞』の一九九一年二月二三日号に次のような書評を書いた。実に拙劣なものであるが、そのままここに載せておく。

「湾岸戦争の帰趨（きすう）は混迷を深めている。バルト三国でも大きな犠牲が払われている。私たちの周囲には、民主主義や平和外交に、そのよって立つ理性や人間性に、むなしさを覚え始めている人が増えてはいないか。こうした世界の動きを目のあたりにして、私は、本書に、『希望なき人々が存在する限り、私たちは絶望してはならない』との一節を見つけ、深く感動した。今日ほど、失望せずに人間と歴史に向かい合うことが必要な時はない筈である。

本書は、池明観の一九八〇年から十年間にわたる『聖書的断想』、聖書と現実との乖離を前に試みられた聖書との対話録である。韓国や東欧の状況を見据えてきた著者の世界史への洞察と、『豊かさ』の陰で進む日本社会の精神的空洞化への憂慮に根ざす本書は、現実と聖書との架橋に挑む、いわば『聖書を生きる』キリスト者としての行動録でもある。激動する世界の行方を知るべく、また、日々をどのように生くべきかと、おのおのの関心の所在に応じて本書を読み進む読者は、聖書に対する著者の問いかけ・解釈を通じて、聖書がいかに豊饒な書、創造の書であるかを再確認されるであろう。キリスト者ならぬ私は本書の理解に欠けることを自覚しつつ、著書に示唆され鼓舞された一端を紹介したい。

著者によれば、聖書はとりわけ感動と希望に満ちた書である。感動とは愛を育み、愛によって育まれる、理性に裏打ちされた感情である。この地平から著者は『お互いがキリストの肢体である』という感情に立脚して人間・社会・自然をとらえ、このいたわりの感情に基づいて『真に来るべき社会』を探求すべきだと説いている。私の専攻においてはこの提言は、『肢体の政治学』とでも言うべき視点から政治社会の批判と構築に向かう責務を思い知らせるのである。

また、著者は説く。不正や邪悪が横行する現実にあって、誠実に生きようとする人ほど失望し敗北しかねない。しかし、この敗北の苦杯を飲みほすことがまさに聖書を生きる者の勝利ではないか、と。皮相な勝利を疑い、真実の敗北を誇る生き方である。これはキリスト者ならぬ者にあっても、国家の進路においても妥当する真実のことばである。湾岸戦争での軍事的勝利はいずれの側にあろうと、その者は果たして理性と歴史における勝利者であろうか。また、自由を求めて闘うバルト諸国の人々が弾圧で一時的に敗北を喫するにせよ、それは未来と光明に向かう過程として把握されなくてはならない筈で、この確信にこそ敗北のなかの勝利が見いだされるのである。

『勝利と敗北の逆説』を明らかにする本書は、絶望しがちな現実にあってなお聖書による思索と行動が広い視野と希望をもたらしめることの例証の書である。読者と共に私も、平明で透徹した日本語の香気あふれる本書をくりかえし読むことで、感動に満ちた人生を生き、希望に満ちた世界の創建に少しでもあずかりたいと思う。」

私はこう書いたが、池自身、感動に生きること、敗北のなかに勝利を見るということを自らの人生において実践してきた。それはエーリッヒ・フロムが指摘した死や破滅をもとめ、他者を排除しようとするネクロ・フィリアを前に、この感動なき、無表情の時代、競争の時代にあって、生と生命を愛するビオ・フィリアを抱きつづけることである。

感動に生きることと孤独に逃げこむこととは正反対である。池はいう。パウロの時代と同じく苦しい時代、悪しき時代に生きる人びとは、プラトンたちがそうであったように孤独を選ぶ。なぜならジャン・ポール・サルトルがいった「サロード」(salaud =きたならしい、嫌な人間)のみが存在し、良識の人がいなくなるという状況に無力を感じ(『嘔吐』)、ダイアローグがあってモノローグがない状況が出現するからと。こうした状況を前にして池は教会に集い愛をもとめる人々に希望を託した。

このことを理解するためにはさらに教会の歴史と役割について検討しなくてはならないが、ここでは教会一般ではなく、とくに韓国の教会の歴史的役割について少々概観しておきたい。それは私たち日本人の罪責の一端を考えさせることにも直結するであろうから。

韓国の教会

韓国の教会は複雑な面をもっている。「韓国の教会は、勝利によって築き上げられた教会ではなく、敗北の涙の中で誰にも顧みられず泣きねいった教会と言えるかも知れない。教会を戦いへとおしやった指導者たちが、敗れてかえって来た人々に対しては無力無策であった。民衆の悲しみの真中で真の神の言葉を伝えることができなかった。民衆はほとんどシャーマン的な利己的彼岸主義の道をひとりでとぼとぼたどって行った。」(池『アジア宗教と福音の論理』)

しかし、韓国の教会は愛国的であり、民主化闘争を担った伝統もある。この教会が愛国的親米的であったことにはいくつもの要因があろうが、一八九五年の閔妃殺害事件=乙末事変のさいのアメリカ人宣教師たちの活動に由るところもその一つである。閔妃が日本人の浪人によって殺され、孤立した皇帝の高宗は、アメリカ人宣教師に助けられたことでキリスト教ならびにアメリカに希望をかけるようになり、民衆もまたキリスト教信者は愛国者であるとのイメージを形成した。キリスト教のエリートのあいだにもまた愛国者たらんとする自覚が受けつがれた。

このような愛国的な、政治化された教会は、戦前の日本の教会がそうであったように、国家が国家主義をかざして膨張するときにはそれに参加しがちであるが、韓国の教会は国家が異民族によって抑圧されたことで民族主義的抵抗に向かった。とくに一九一九年の三・一独立運動のときに払った犠牲は、韓国教会が民衆に民族的教会としての強いイメージを与え、土着化をなしとげる上で大きな契機となった。「暗い時にともしびをともしうる唯一の集団とは、なんと誇りある地位であろうか。このような期待を韓国の民衆に持たせることによって、教会は韓国の国民の間で存在の意味を与えられたのであった。」

一九二〇年代には民族の文化・社会運動に参加することで教会はその責任を果たし、自らを発展させた。しかし、二〇年代後半から三〇年代にかけて教会は、苛酷な植民地収奪による貧困がもたらした民衆のあいだの絶望感に直面し、一般信徒のカタルシスをもとめる心をまえに神秘主義的傾向を強めた。神との一致という神秘的な経験によって信仰への自信を得、苦しい現実を超越したいという心は、行動的なクリスチャンエリートのあいだにもきざしたが、それは単に正義感の消失などというものではなかった。信仰の内在化でもあった。神秘主義を強めながらも朝鮮民族の興隆を祈っていた人たちが存在したのである。

三〇年代になると、一九三二年九月、平壌でキリスト教主義学校が満州出征戦没将兵慰霊祭への参加を拒むという事件が起こった。三五年になり、これら学校は神社参拝を強要された。三八年九月、長老派教会は官憲の弾圧のもと、神社参拝を決議した。このとき、当事者は、神社は宗教ではなく、キリスト教教理にそむくものではないと理解すると称したが、参拝問題は、クリスチャンにこの上ない痛みを与えた。「神社参拝をして異邦人の神、異教の神を崇拝することは、今までの信仰の内奥の世界における民族への愛を踏みにじられることを意味した」からである。それは信仰への背反であり祖国と民族への裏切りであり、内面的世界における「最終的抵抗の放棄を意味した」のである（池『韓国現代史と教会史』）。

教会は神社参拝で外面的にも内面的に屈服させられたばかりか二〇〇余が閉鎖された。そして、二〇〇〇余のクリスチャンが投獄され、五〇余人が殉教した。三〇年代末には中学校教科から朝鮮語追放、創氏改名（一九三八年）が強要された。

四〇年代に入るとさらに徴兵制が実施されるなか、末期的な植民地政策に教会も翻弄され、弾圧に耐えかね変節する信者も少なくなかった。四五年八月一日、韓国教会は教派を解体し、日本キリスト教団に編入された。日本統治下における朝鮮民衆の抵抗と苦難は無論キリスト者に限られない。労働者も農民も学生も知識人も苛酷な状況下で抵抗を試みたが、彼ら抵抗者が弾圧のため沈黙を余儀なくされていた民衆から敬愛され、励まされ、かつ慰められた点が大事である（池「抵抗運動の実態―朝鮮における日本ファシズムへの抵抗」浅沼和典・河原宏・柴田敏夫編『比較ファシズム研究』一九八二年、所収）。

一九四五年八月一五日の民族解放後、韓国の教会は再び苦難の道を歩まざるをえなかった。出獄した人々を迎えたことからその一歩は始まった。日本統治下のクリスチャンの在り方が人々を分裂、対立させたのである。ついで、南北分断によって生じた政府と宗教、政治と信仰の問題は実に複雑であった。北では一九五〇年六月の韓国動乱後、「目に見える教会」は存在しなくなった。南では李承晩政権に近づく教会は「御用宗教」と批判された。南の教会ではさらに分裂が始まり、これに人間的対立が作用した。南の教会は韓国動乱で三〇〇近くが失われ、二五〇名近くが殺害され、あるいは北に拉致された。

韓国動乱から教会が回復する道のりも容易ではなかった。物質的被害も甚大であったばかりか、李政権をほとんど無条件的に支持してきた無反省な態度が民衆から顰蹙《ひんしゅく》を買っていた。この態度は四・一九革命（一九六〇年、前述のように学生を先頭にした闘争で政府を倒した）を契機に徐々に改善されたが、教会が中産階層の所有物になり、自己満足に陥っていることは問題であった。

四・一九革命のあとも経済的困難・社会的混乱は解消しなかった。それゆえ社会の空洞化のなかで起こされた六一年の五・一六軍事クーデターに当初民衆の期待も寄せられた。しかし、クリスチャンは概して軍事クーデターを起こした勢力を疑っていた。そして、この勢力が数度にわたる不正選挙を通じて政権を維持していくさまを前に、ソウルの聖職者は日韓会談を契機として、六五年七月一日、救国委員会を組織して、会談反対運動を展開するに及んだ。この運動は一九一九年の三・一独立運動のさいのクリスチャンの役割を彷彿とさせ、民衆を感激させた。

軍事政権下、教会・クリスチャンの苦難はつづいた。この様相についてはすでに概観してきたように、池の『韓国からの通信』全四冊――この『韓国からの通信』はフランシス・ベーコンが政治学の良い本はすべからく闘いの産物であると述べたが、まさに戦いのなかから生まれた政治学の書でもある――に詳しく語られている。韓国の教会史百年は、安らぐこともない、苦難の歴史であったといわざるをえない。

たとえば、今一度一九一九年の三・一独立運動にたちもどってみればそのことは直ちに了解される。三・一独立運動においてキリスト教が果した役割は他の何ものにもまして大きかった。しかし、その蒙った犠牲も多大で、一九一九年一〇月に長老教会議会が長老派だけの被害について発表したものでも、逮捕された信者・牧師・長老は三九三八名。殺害された者は六名。焼き打ちされた教会は一二。

このような苦難を経た韓国のクリスチャンは現在、約一千万人を数える。池が『韓国現代史と教会史』（一九七五年）を書いた時点でも四〇〇万人を超えていた。同書で彼は、この教会とキリスト者の将来は平坦ではないかもしれないが、「神の御手に温かく包まれていると、われらは祈りをこめて告白しなければならない。それが、教会史を信仰の共同的遺産として保ち、それを未来へとうけつごうとするキリスト者の姿であろう」と結んでいる。以上が教会に集い愛をもとめる人々に池が希望を托したことの背景（教会の歴史的役割）である。もっとも彼は韓国の教会とキリスト教の将来が何の問題もなく神の御手に温かく包まれているとは現時点ではいわないかも知れない。彼は一九七〇年代、八〇年代における韓国の教会を民主化闘争の一大推進力とみなしていたが、現在では（帰国後、とくに今世紀に入ってからはさらにというべきであるが）韓国の教会にたいし失望の念を隠さないようである。そのことは荒井献の著作集に寄せた次の一文（二〇〇一年冬に執筆）にもうかがわれる。

「……荒井聖書学の世界は学としてユニークであり、……決してペダンチックであろうとはしなかった。……そこには一九七〇年代の韓国の政治的現実、とりわけ韓国の民主化のために戦うキリスト者の現実も一つの重要な契機としてあった。荒井聖書学は、韓国のキリスト者の戦いが日本の聖書学において実を結んだという唯一の例ではなかろうか。……特に民主化されたとはいっても、退廃の道を急ぐように見える韓国の現状とそこにおける教会のことを考える度に、荒井聖書学、そしてそれに基づいた荒井氏の発言は、私をもう一度『ゆさぶりめざめさせる』ようなものである。」（池「脱ドグマにおける共感」『荒井献著作集1』月報7、二〇〇一年一二月）

ちなみに、池は、『韓国現代史と教会史』で、初期の韓国教会の多くの指導者は、素朴で、情感的で、敬虔な信仰をもち、無学の貧しい農民たちのあいだに融けこんで伝道した。その民衆性は高く評価されるが、韓国教会を非神学的なものにした面も指摘されなくてはならない、と書いていた。しかし、来日後滞在が長期化するなかで日本の教会の神学的精緻さ・形而上学的思弁的性格がクリスチャンの社会参加を疎外している点に気付いたからでもあろうか、このような認識は変化をきたし、神学の成熟・未成熟を問わない、信仰の全きの純粋さを尊重するようになった。

民衆の神学

韓国教会の現状に批判的であるにせよ、かつて民衆の教会・民衆の神学に期待を托した彼が、その期待をまったく失い、平然としているとは考えられない。彼によれば、民衆の教会は今日のガリラヤにおいて貧しいことの意味を探求していかなくてはならないのである。支配階層の打ち立てた価値観の下にいる限り、その文明と文化を最高と思っている限り、被支配階層の解放は決してありえない。

政治的革命をめざす人が看過しがちなことであるが、貧しい人と富んでいる人との位置交換だけでは神の国は実現されない。富んでいること自体がわざわいであり、貧しいこと自体がさいわいであるという新しい生き方を樹立しなくてはならない。貧しい民衆がただちに新しい共同体を生み出すわけではない。新たな自覚と新たな交わりが前提になくてはならない。この自覚とは基本的には耐え忍ぶこと、待つことを知ることである。

これは、後述のフランスの哲学者シモーヌ・ヴェイユの耐え待ち望むという思想をふまえて、新たな自覚と新たな交わりの必要性を説いたものである。

「ディアコニア、人に仕えるというのは召使として食卓に仕えるということであり、ギリシャ人の忌み嫌うことばであった。しかしキリストにおいては『仕えられる』ことよりは『仕える』ことが尊いのである。それがかえってかしら、指導者の像である。そこに成立する交わりがコイノニアである。」民衆の神学はこの世のための実践とともに教会内におけるコイノニアの実現に努める、と（池「民衆の神学における交わり」『婦人新報』第一〇〇五号、一九八四年六月）。新たな交わりとは仕えることによって成立する交わり、コイノニアのことである。

また、彼によれば、後述の民衆の神学は今までの韓国の「支配者側の歴史」を否定し、日本の植民地支配や西欧的近代化の歴史（とくに一九四五年以降におけるアメリカ的価値観とアメリカの政治的経済的支配の歴史）を否定しようとしたが、そこには民衆の苦難の体験があった。彼はこの苦難という根本的体験が認識論的転換の契機となる点に注目し、ドイツの哲学者テオドール・W・アドルノの言葉を借りてこういう。

「苦難によってわれわれは今までに営んできた生活の虚偽に目ざめるのである。アドルノは『否定的弁証法』において『抵抗のうちにこそ、思想的契機は生き残る。……思想が、抵抗しつつ縛りつけられているものを超え出るところに思想の自由がある。……苦難に語らせようとする欲求は、あらゆる真理の条件である。」（池「韓国思想史における民衆の神学」『福音と社会』第一八号、一九八八年一〇月）

池は認識論的転換の契機につきこのようにとらえたが、そこには前述のように人生の早い時期に出会ったキルケゴールの存在もあった。「キルケゴールにおけるように絶望は実に真理へ導いてくれる偉大な認識論的契機であった」からである。

池は、教会も個人も困難な時代になると人生の意味を問題とし、困難を乗り越えようとすると論じているが、これは前述のラインホルト・ニーバーが「究極的信頼」という説教（『悲劇を越えて』一九三七年、所収）で、「キリスト教が予言者宗教として最も深い意味で言われるのは破局の時代においてである」といっていることと同じである。

ちなみに、ニーバーにより破局の時代とされたのは、紀元前六世紀後半のイスラエルが国家としての存在を失うときとローマ帝国が没落するときと一九三〇年代とで、それぞれの危機にあって予言者たちが最も深い表現をなしたという。

「破局の時代」に教会がどのような信仰・神学を生みだすかは非常に重要な課題であり、この課題にたいし韓国の教会はどう向き合ってきたか。池はこの問題を改めて問い直していう。韓国のプロテスタント教会の場合、その破局の時代は先ず、一九一〇年から四五年までの日本統治下において、次いで維新憲法の公布によって朴大統領による一人独裁が強化される七二年以降において体験された。第一の破局のときは教会の歴史も浅く神学的にもあまり成長していなかったときである。しかし、一九七三年五月に前述の「韓国キリスト者宣言」が発表されたことを一つの契機に破局の時代に戦う教会の姿勢は明瞭となり、民衆の神学というべきものが形成されるに至った。

韓国におけるこの民衆の神学とは、池によれば、(一)事件の神学、(二)喜びの神学、(三)民衆の神学、(四)恨の神学を総称した神学で、これら四つの神学の根底にあるものは、「世界において愛と自由と平等とを政治に向けて働かれる神様の働きに我々も参加しなければならない」という意志である。もう少し説明すればこうであろう。

(一)事件の神学とは、一九七六年に金大中などが発表した「三・一民主救国宣言」をめぐる事件で、被告とされた安炳茂《アンビョンム》が、法廷において使用した言葉である。新約聖書学者の安は、三・一民主救国宣言に恐る恐るサインをしたが、この実にささやかな行為が自らの信仰にとり、また韓国と世界の教会にとり大きなものとして立ち働いたことにつき、「神様は、我々が何でもないようなことで決断するように見えても、その御計画の中で実に大きく使われる」。小さなコミット、賭けをしたが、それが政治事件となり、韓国教会の事件となり、さらには世界教会の連帯を生む事件となったことに限りない恩寵が与えられ、長いあいだ学者として見逃していたことが聖書の言葉のなかに発見できるようになった、と陳述した。事件の神学とはこうした信仰経験をもたらし、かつ促す働きのことである。

(二) 喜びの神学とは、これまた「民主救国宣言」事件の被告とされた旧約聖書学者の文益煥牧師や詩人の金芝河の獄中体験をあらわす神学である。文は獄中にあってかえって限りない喜びに満たされたという。この体験は、パウロが獄中からピリピ教会へ送った「ピリピ人への手紙」(二章一七—一八節)にしめされた喜びの信仰に由来する。池は、最初、文牧師の告白に接したとき、これは感情の高ぶりによる一種の誇大表現であろうと思ったが、のちにナチスによる犠牲を語ったドロテー・ゼレの『苦しみ』を読み、正しいことのために死ねる者の道徳的優越性を感得しえたという。

さらに金芝河の出獄記「苦行……1974」を読むなかで、池は、「あの地獄の日々、血みどろになって身悶えし、瞬間瞬間を戦い続けてついについにその恐怖に打ち勝ったのだ」「死を受け入れ、死を自ら選択することで永遠の生命を得るという恩寵にあずかることができたのだ」という一節にふれ、苦難の中でパウロのように喜びを語る信仰、これが本来的なキリスト教の信仰である。それを現代神学は失いかけているのではないか。このことを喜びの神学は問いかけているのである、と受けとめた。

(三) 民衆の神学(狭義のそれ)とは、マルコによる福音書三章三一節以下や五章、さらに八章一節以下に見られるイエスに従った人々とその共同体の在り方をあらわすものである。イエスに従った人々は少しの恥もない、貧しい、病んださすらいびと、みじめな民衆である。これらの人々はややもすれば絶望のあまり退廃し、人間らしく生きることをやめ、人間の善などに不信を抱いても不思議ではないのに、イエスを中心としてその生き方をさぐり、希望を中心に共同体を作っていった。池は、このイエスと民衆による希望を志向する共同体の形成が民衆の神学の基本的立場であるという。

（四）最後に恨の神学であるが、延世大学の組織神学の徐南同教授は、民衆の現実は悲しい、苦しい、恨めしい。しかし、このような状況のなかにあっても自分達の恨が晴れる時が到来するのだという希望に生きることを恨の神学と表現した。もともと恨というのは恨めしいことがあっても返さない、復讐せずにためておくことである。こらえて生きるというのが恨の思想である。ちなみに金芝河は、暴力が我々を押さえる時に、悲哀がたまり、悲哀の凝結したのが恨であるという。

徐教授によれば、悲哀をなめているさすらいの人々に希望を語ること、彼らがキリストと共にあって神に愛されていることを語ることが恨の神学の重要性である。これは「こういう困難な時代に民衆がメシア待望の思想でこれを耐えぬく。そして、彼らが力をもって歴史の新しい方向へと参加できるようにすべきではないかという考えである。」

以上、池に従って民衆の神学を粗描したが、勿論、これらは四つに裁然と分離できるものではない。ただ、いいうることは総体としての民衆の神学は、西洋神学にたいし批判的立場に立つという点である。池は、西洋神学の亜流に甘んじる、知的隷従状態にある神学はアジアの民衆の現実とどれほど切り結んでいるのか、これを問題とする。また、総体としての民衆の神学は哲学的思弁の言語を媒介せず、もっと経験に根ざした民衆の生活から生まれる表現で信仰を語り、「聖書的シーン」を再現していくことが大事ではないかという。これは「西洋神学からのある意味の解放が必要である」との主張で、実にラデカルな信仰的・知的冒険の言葉というだけでなく、依然としてアジアの神学の課題であろう（池「戦う教会の神学」『共助』第三二巻第七号。通巻第三六二号、一九八二年七月）。

残酷な資本主義文化

池の信仰の問題につき、さらに、一、二付けくわえておくと、次の一文にも彼の考えは簡明にしめされている。哲学者ヴァルター・ベンヤミンは、えせ自由と豊かさを讃えたり人間の差別や殺害をこととする残酷な資本主義文化の中で成功をめざす「文化順応主義の牢獄」に身悶えし、そこから脱出すべく絶望的努力をした。アドルノによればベンヤミンのこうした思想的営みは「テキストの注釈、批判として形成」されたが、その背景には「ユダヤ神学の伝統」があった。今日の文化順応主義を拒否しようとするなら、その手がかりは「ユダヤ神学の伝統」に復帰することにあろう。どうしてこのえせ文化を反復しえるのか。そこで何を学ぼうというのか。ベンヤミンは世界を日蝕のなかで、死者の視点から眺めたが、そのユダヤ神学の伝統に根ざした営みこそ「ありとあらゆるぬくもりと希望」を贈るものであった。

アドルノのこうしたベンヤミン論を受け、池は、「これからもそのような意味での注釈と批判を『歴史的なものだけが絶対的なものの形態を与えるのだ』という信仰において展開しなければなるまい。現代は文化的、精神的にすでに死滅しているのである。みことばから新しく発想し直さねばならない」と敷衍している(池「またマニフェストの精神から」『福音と世界』四〇号、一九九二年四月)。

また、池は、神は自然を美しく創造し、維持するが、その自然をわれわれが破壊しつつあることにたいし、とくに第三世界からの視点で早くから警告していた。自然を破壊し、その秩序を乱すことは人間社会を破壊し、その調和を乱すことと同様、災いであり罪である。それは必ず反撃をうけ、裁きを受ける。現在、先進国は自国の自然を守ることには留意する。しかし、その自然保護はアジア・アフリカ・中南米の自然を毀損することの上に成り立っているのではないか、と。

彼は、自然が神の「み手のわざ」として讃えられるべきこと、またアメリカの詩人ソローがうたったように、自然の中で神の創造の御手に触れなくてはならないことを説く。それは人間中心の神学からすべての存在中心の神学への転回をうながす言葉であり、ひとことでいえば、「自然に対してやさしい心の信仰」、人間と自然との和解をもとめることである。

なお、池が人間と自然との和解というとき、キリスト教的平和は、神と人間との和解、人間と人間との和解とともに人間と自然との和解であることを指摘したエイリッヒ・フロム（彼はイザヤ一一章六―九節をあげてそう指摘した）を念頭においてもいる。

知性史と史書のありかた

次に、池明観の思想についてであるが、彼が出会った思想（家）との交渉にふれる前に、彼の知性史（思想史といってもよい）のとらえ方、換言すれば知性史家の課題・方法についての見解がアメリカのクレイン・ブリントンとほぼ同じであることが注意される。ブリントンはいう。

「彼らがなす主な仕事は、哲学者、知性人、思想家たちの思想と、文明の課題を運ぶ数多くの人々の現実における生活方式とのあいだに関係を見出そうとすることである」。「われわれは、プラトンの思想自体にたいして関心をもつよりは、その思想がどのくらいギリシャ的生活方式の一部であるのか、それがその生活方式を拒否するか、またそれが後世の社会において教育のある人々によってどれほど受け入れられたかに関心をもつ。」（Crane Brinton, The Shaping of Modern Thought, 1956）

ブリントンは、イギリスの政治学者で労働党のブレーンの一人であったハロルド・J・ラスキに学び、のちハーバード大学の教授をつとめた歴史家であるが、池もこのブリントンのように、その思想がある時代の生から生まれてその時代の生に帰った実際を問題とする。「それは、その時代の民衆から影響され、また民衆に影響したものでなければならない。いくら偉大な思想家の思想であっても、それがその時代の民衆の頭と心にしみこんでいないとすれば別に問題にしない」ということである（『韓国現代史と教会史』）。

知性史・思想史についての池の考え方が民衆との接合に根ざしている以上、歴史の書についても彼ははっきりとした要求をもっている。史書を待ち望んでいるのである。彼によれば、過去の事柄につき実証的に研究するだけのものは史書ではない。史書とはあたかも日本植民地下に書かれた朴殷植《パクウンシク》の『韓国痛史』（一九一五年）、申采浩《シンチェホ》の『朝鮮上古史』（一九三一年）、咸錫憲《ハムソクホン》の『聖書的立場からみた朝鮮史』（一九三四―三五年）のような、思想があり、志があり、歴史観があるものをいう（このように評価しながらも、池がこれらの著作を手放しで称賛したのではなかったことは前述の通りである）。

池は、さらにフランスの歴史家ジュール・ミシュレについてもふれている。ミシュレは「歴史家は相続人のいない死者に生命を与え、蘇らせるとともに、死者が解くことができないでいる人生の謎を解明することが仕事であり、死者のために『民衆の書』を書き上げたいと念じていた」が、ついにこのような『民衆の書』をものにできなかったことをこう述べている。「私（ミシュレ）は民衆のなかに生まれた。私は民衆を心のなかに抱いていた。……だがその言語、民衆にその言語を語らせることが私にはできなかったのである」。池は、このように嘆息していた歴史家のことを今日の韓国の、また日本の歴史研究者は知っておくべきであるという（『韓国と韓国人』）。

死者を蘇らせて語る民衆の史書とはまさに池の一五年間にわたる「韓国からの通信」を指すのではなかろう

か。というのもミシュレはその企図を『一九世紀史』第二巻に次のように書いているのである。「しかり、死者のひとりびとりがささやかな財産、つまり彼の追憶を遺し、その追憶を大切にするよう人びとに求めているのだ。友人のない人のためには、司直がその代りをしてやらなければならぬ。なぜなら、われわれのいつくしみの情は所詮忘れっぽいものであり、われわれの涙はたちまちのうちに乾いてしまうものだが、そうしたわれわれのすべての愛撫や涙よりも、法や正義はずっとたしかなものだからである。

この司直の職務、それは『歴史』である。そして、『ローマ法』のような言い方を借りるならば、死者たちは、歴史の司直が以て気遣わなければならぬ憐レムベキ境涯ニアル人タチ miserabiles personae なのである。生涯ただの一度たりとも私は『歴史家』のこの義務を見失ったことはない。私はあまりにも忘れられた多くの死者たちに、いずれ私自身も必要とするであろうところの援護をば与えたのである。……

歴史は、相続者のいないこれら不幸な名誉を迎え入れ、これらを復活させるのだ。歴史はこれらの死者たちに生命を与え、かれらを蘇らせるのである。歴史の正義はかくて、同時代に生きてはいなかった人びとを結びつけ、消え去るためにほんの一瞬あらわれたにすぎなかった人びとに償いを行なうのである。」(ロラン・バルト『ミシュレ』藤本治訳、一九八六年)

読書の方法とトインビー

ところで、思想・知性の在り方についての池の姿勢は当然その読書の仕方にも直結する。各人の読書の仕方は、文字通りその人の思考の方法、発想の様式を語るものである。考えるために読む、読むことで考える。触発されるという点では、書物の代わりに映画や絵画や音楽の鑑賞におきかえても良いのである。

彼の読書法は、アーノルド・トインビーが「ギリシャ・ローマ文明」(『試練に立つ文明』所収)という論文でふれた二つの読書法のうち、ギリシヤ・ローマ的方法のそれである。すでにこのことは少しばかり「第一章　池明観の足跡」でふれたので重複するが、この方法は先達のテキストを起点にして、自分の独創的な思想を編み出す姿勢をいう。

池によればその代表はミシェル・フーコーで、「監獄についての対話」のなかで明かしている彼の思索の方法に例証される。フーコーは「他の作家を解釈するよりは利用するという」仕方で読んだ。

もう一つの方向はシリア的読書法で、これは書物を「神の啓示の言葉」として崇める。テキストに忠実な「ユダヤのラビ式」の研究法や、さらに徹底したイスラムのコーランの読み方に典型がある。

池は、アドルノの『ミニマ・モラリア』について「感動して読みましたが、だいぶ自分勝手に読んだ個所が数知れないほどありましょう」と述べているが、たしかにこうしたギリシャ・ローマ的読書の方法を身につけたことで、池の思考は翼を得たように大きくふくらみ、遠くまで及んでいくのである。

トインビーの読書論に関連して、池が影響を受けたトインビーの歴史観や知恵についてもふれておくと、一九六〇年代、彼は偶然のことからトインビーの『試練に立つ文明』を翻訳した。そして、トインビーのギリシャ・ローマ史と現代史とを同時代史ととらえ、両者を往復しつつ現代史を照らすという方法に「ほんとうに目から鱗が落ちるような気がし」た。

彼はトインビーからさらに大きな示唆を受けている。トインビーは、西欧文明の中に未来への希望を見るのではなく、その中で苦しんでいる地域・人びとの群や西欧文明の周縁に、未来にたいする救いのきざしが現われるかも知れないと考えたが、池にはまさに「その歴史観は失われた一匹の羊から歴史を眺めるものである」と理解された。

すなわち、トインビーの思想は、アジア的生産様式とかアジア停滞論を展開したカール・マルクスや、道教や儒教を呪術から解放されていない後進的なものとするマックス・ウェーバーよりはるかに反差別的である。ミシェル・フーコーの『狂気の歴史』の序言を使えば、トインビーは西欧の知性による「世界の悲劇的な分割」に加担することを拒否したのだといえる。トインビーは彼ら（マルクスやウェーバー）のようなヨーロッパ中心主義、歴史のモデルとしての西欧という観念に捉われていなかった。彼はかえって文明全体をその周縁から見直そうとした。「そして光は文明の周縁で苦しんでいる人々の間から灯されるものであると語ったのである。」と。けだし、これは韓国における民衆の神学にも通じる思想であった。

池は、トインビーの歴史観・思想は今日ますます光り輝くように見えると考え、こうした周縁からの照射という方法を、一八世紀に台頭した朝鮮実学や一九世紀に民衆のあいだに発生した東学の思想・東学革命軍の倫理的姿勢の解釈に適用している（池「トインビーの思想と韓国思想史」『比較文明』2、一九八六年一〇月）。「東学農民革命は、儒教的、封建的秩序に対する革命的抵抗であるとともに、日本に対する最初の武力抗争であった。それは民族史において継承されるべきものであった。その革命が未完に終わったのは、民族文化における度重なる断絶と同じように、外勢の侵略のためであった。無限な潜在力をもった民族が、初めて組織され理念的自覚を持つことができた、この東学による革命という貴重な機会は失われた。反民族的な支配勢力と外勢の連合による、民衆革命に対する弾圧という、韓国近代史の悲しいパターンは、いつその終焉を迎えることか。」（『韓国文化史』）

彼にとって民衆の思想を体現していた東学は重要視され、何度も言及の対象となっているが、東学についての彼の理解は次の一文に簡明である。

一九世紀末、東学は、当時の国内の秩序も世界のそれをも否定し、後天開闢《かいびゃく》の思想を唱えた。前天の時代は終わり、新しい時代へと転じる希望を謳った。「それはその当時において『今日の社会の残虐』に苦しんで『今日の歴史に対して破局的見解』を取っていた民衆の思想であった。」と（「韓国思想史における民衆の神学」）。

なお、池はトインビーの次の言葉を大切にしている。「人類史上これほど富んだことはない。飢えていた人が宴に呼ばれて、むさぼるのは実に人間的である。しかしやがて適当な量で満足し、より豊かな心を求める知恵に到達しなければならない。」（池「富と人間」雑誌『還』第一八号（巻頭言）、一九八八年春号）

歴史教科書と韓国併合について

今一度、池の歴史観にもどると、彼は『歴史とは何か』の著者E・H・カーにも触発されている。池は、北朝鮮にかんする出版物のうち、とくに女優崔銀姫《チェウニ》と映画監督申相玉《シンサンオク》の著作『闇からの谺　上・下』（一九八八年）に強い印象を与えられた。その権力の内部について肉迫したばかりか政治権力そのものの普遍的性格を明らかにした同書によって歯止めのない権力の恐ろしさと、民衆の苦しみと、翻弄される知識人の運命について考えさせられたからである。

そして、このときロシア史研究者の渓内謙の『現代社会主義を考える―ロシア革命から21世紀へ―』（一九八八年）を同時に読んで、朝鮮半島の南北につき政争を超えた歴史観をもつことの必要性に想到した。渓内がカーのロシア革命観を評価するなかで、カーがロシア革命を正統か異端か、告発か弁明か、憎悪か賛美か、聖徒か悪魔かという政争の次元を越えた歴史を誰よりも先に書いた点に注意を向けていることに触発されたのである。この政争を超えた歴史認識は、次のように北朝鮮に社会が誕生する日を願う態度をもたらした。すなわち、北は朝鮮戦争とそれからの復興などのためにひたむきに国家へとつっ走ったであろう。そのために無力化し、国家依存、命令依存に陥ってしまった人民をかかえて悩んでいる。この「国家の危機」に身悶えする北朝鮮が、「国家から社会へ」と転身することを願うと（池「北を考え南を考える」雑誌『民闘』三号、一九八八年）。

この「国家から社会」への視点が、中国の現実を見るときにも至大な意味をもっていることは言うまでもないであろう。

さて、家永裁判（国家による教科書検定問題）で証人にもなった池は、日韓共同歴史教科書の準備にも従事した。日本側のみならず韓国側の歴史教科書の不備も放置できないと考えていたからである。彼は終戦直後の日本を描いたジョン・ダワーの『敗北を抱きしめて』にふれ、同書を読んで不思議に思ったことは広島と長崎の原爆についてほとんど言及がないことだと指摘したあと、次のように書いている。ここに韓国側へのきびしい批判が読みとれるのである。

「こういう思いに駆り立てられながら、私は韓国の中高校の歴史教科書をひもといてみて驚いた。一九四五年の日本の植民地からの解放を謳うあまり、広島と長崎の原爆にはまったく触れていないのである。それは朝鮮をして日本の支配のくびきから脱することを可能にしたこととして見のがされているのかもしれない。日本との対立の意識のなかで原爆という人類最大の惨劇がこのように歴史から消去されたわけである。ここにもまた日韓の歴史教科書に関するもう一つの問題がひそんでいるのではなかろうか。」（池『韓国と韓国人』二〇〇四年）

ここでさらに、日本についての池の歴史認識の一端を見ておこう。彼は一九八九年六月、雑誌のインタビューに答えて、近代天皇制につきこう述べている。

「『すべての物象化は一種の忘却である』とは、現代の哲学者アドルノのことばですが、日韓の関係や日本のアジア侵略といった過去の経験を、単に年表の中に止めてしまうことは物象化することです。物象化し、忘却するのでなく、これを如何に回想し、生かしていくかが日本の課題です。……日本の近代を顧みて、天皇制と結び付いた具体的過ちを回想しつづけないかぎり、経験は忘却の彼方へ行ってしまう。それでは新しい関係がつくれないではありませんか。」

日本人自身が痛みを覚えつつ、過去の罪悪を回想し、新しい関係に踏み出すべきことは池の言をまつまでもないが、このような敬虔さが要請されるとき、ときの竹下登首相などは、「……しかしこれを統括して侵略戦争だということはやはり、後世の歴史家が評価すべき問題だと思っている」といった発言をしていたのである。

池はいう。「戦後の日本に定着した平和憲法といえども、人間がつくったものである以上、問題はあるでしょう。しかし日本が国際化にむかいつつ、この憲法を如何に前向きに解釈していくかが肝要です。玉虫色に包まれた天皇の象徴性の問題は論議されつづけて、未来的方向としては文化的象徴として残され、政治的統合としてのシンボルは解体していくでしょう。」と（前出、「内にありつつ外なる目をもって現代日本を見る」）。「平和憲法」をめぐる現実は、彼の希望するそれとは違った方向に進んでいるし、彼の日本の国際化に寄せた期待は裏切られつつあるというべきであろう。なお、彼が強調した憲法の前向き解釈については、大江健三郎の憲法論である「恩賜的と恢復的」（前出『想像力と状況　大江健三郎同時代論集3』）や、拙稿を参照していただければ幸甚である。M. HORI, "The Constitution of Japan : A Logical Extention of the Ueki Draft Constitution (1881) and the American Constitution of Rights" in J. B. Starr ed., *The United States Constitution : Its Birth, Growth and Infkuence in Asia*, 1988.（その邦訳は『西南学院大学法学論集』第二三巻第二・三合併号、一九九一年）。

彼は現代の天皇制を国家権力が「右寄りに、右寄りに進めているようにみえます。そうすることは皇室を孤立させてしまうことではないかと憂います」と語るが、これははっきりいえば、「天皇制が近代のどのような状況の中で成立したのか、この歴史の起源または発生を確認することによって解体していかねばなりません。

そのために動揺が来るけれども、これを受け入れ消化して、新しい歴史的段階へと進んでいかねばならないのです。」ということである。

「例えば皇国史観なら皇国史観を我々が断絶しようとする意志によって、新しい時代が創られていきます。そういう意味においては、歴史は内面的には断絶の意識によって創られていくわけです。つまり今まで皇国史観的に見ることが正しいと考えてきた、その考えの発生をつきとめてそれを解体していかなければならない、ということです。あるいは差別意識が生じているなら、それがどこで発生したか見届けて解体していかなければなりません。」

池の指摘のごとく、日本国民にとってその歴史を確認し解体すべき対象の大きな一つが韓国併合に具現した暴力、差別意識であることはいうまでもない。彼は韓国併合について、それが「韓国人にとって日本人が考えられないほど深層に至るまで深刻な傷跡を残したものであった」ことを次のように論じる。韓国併合から百年目になる今、彼の批判を日本人はどこまで受けとめることができるか。自省を込めて読んでいこう。

併合の傷跡とは、従来から言及されてきた日本の植民地支配の残虐性などとは別に、近代へと向かう歴史的転換の時代において植民地化を経験することの意味が「民族史におけるトータルな断絶であ」ることを理解すべきだ。すなわち、この断絶は政治・経済・文化すべてにおいて認められるが、たとえば経済においては、一八七六年の日韓修好条約以来、日本の商人が朝鮮南部に進出し、日清戦争ののち、彼らは北部に進出していた清国の商人を押しのけ、市場を独占した。土着の産業や資本は、買弁的な産業・資本となることをきらい、壊滅させられた。次いで、一九〇四年八月の第一次日韓協約といわれる「外国人傭聘協定」により、財政顧問となった目賀田種太郎による貨幣改革（一九〇五年）で、実業界に恐慌が起き、商人は店を閉じたり自殺するなど、「近代的恐慌が、全く人為的に起こされた。」

一九一〇年の韓国併合とともに、朝鮮総督府が朝鮮会社令を布き、民族企業の成長を抑制した。爾後、経済面での収奪体制は強化され、一九四五年八月時点では、おおよそ、「総財産の八〇パーセント、製造業資本の九四パーセントが日本人の手中にあり、技術者の八〇パーセントは日本人であった。」そして、解放後、日本人の財産は、日本人の植民地支配に関係したか、その支配下で財力を貯えた親日勢力の手に払い下げられた。さらにこの勢力が政治勢力と深く結びついてきたことで「反民族行為処罰法」すら公然たる妨害にあい、実効性をもちえなかった。「近代に至るしきいにおいて植民地化されたことは」このように解放後今日にいたるまでの歴史に尾をひいているのである。

文化的断絶については、一九一〇年の併合で、総督府の機関誌を除いて、新聞・雑誌はことごとく廃刊され、集会や結社の自由もなかった。三・一独立運動がおきた一九一九年からしばらくのあいだは文化政治の旗印のもとに多少統制がゆるめられもした。しかし、一九三八年からは朝鮮語教科が中学校で、さらには小学校でも廃止され、小学校ではもっぱら日本語の唱歌や童謡が教えられた。一九四〇年には二大朝鮮民族紙も廃刊となった。このようななかで、一体どのように民族文化を継承するのだろうか。

植民地へと転落したことから自国の歴史にたいしての誇りを失い、自らを葉銭《ヨプジュン》（非常に価値の低い貨幣―堀）と呼ぶほどの自虐的な心情が人々のあいだに生まれた。近代朝鮮の開化主義者・啓蒙思想家らは、文学的伝統を顧みることも、東学などを正当に評価することもなく、過去との断絶に走った。このように「朝鮮では歴史と伝統に対する否定的な姿勢が強かったというのは、これも植民地になったことがもたらした悲しき遺産であるといえるのではなかろうか。」

歴史学に目をやると、一九三〇年代前後、日本精神を高調する日本の歴史学に抵抗する意図から鄭寅普《チョンインボ》、崔南善《チェナムソン》らが「朝鮮の魂」「朝鮮心」「朝鮮精神」などを主張したが、これは「支配者の歴史観の枠組における発想であって、……その抵抗的性格にもかかわらず、反動に流れる可能性を十分持っていた」。

同時期に、実証史学が、事実尊重という名分をかかげ、朝鮮史を研究していたが、これは民族の現実から目をそむけていたとの批判を免れない。当時の土俗的文学や民俗学などと同様、実証史学は「暗い時代における抵抗の意味を持ちながらも、非政治的、非参与的性格」をぬぐえない「一種の逃避文化」であった。

そして、これらの史学や土俗的文学などは解放を迎えるとともに、日本統治下においてかすかにとどめていた民族的・民衆的色彩を失い、反政治的、反改革的、さらには反動的にさえなっていった。このような傾向をしめした人びとが、解放後の歴史学、文学、その他の社会科学・芸術の世界で大きな地位を占め、舵取りをしたのであるが、まさに「これは文化的意味において、日本統治の残滓としての価値観と自ら対決しようとしなかったためであったと言えよう。」

このように自らの側の問題点をも指摘している池の姿勢は韓国社会においてどのように受けとめられるのであろうか。

ともあれ、彼はこのように韓国併合によって蒙った暗黒と今日にいたるまでの残滓を問題にしているが、私が彼を日韓の架け橋、相互理解の媒介者と呼ぶのは、一つにはこの暗黒をもたらした日本人の歴史的責任を正面からつきつけ、この批判を受けとめることなくしては両国社会の真の対話は可能にならないと主張しているからである。

ベンヤミンの「歴史の天使」

さて、池はラインホルト・ニーバーやアーノルド・トインビーらから多くを摂取したが、これから取りあげる思想家との対話は、来日後のいわば社会的後半生の収穫であり、彼がこれらの思想家のメッセージをいかに生きたものとして再創造したかを概観してみるものである。ここでは池と思想家たちのふれ合いについて哲学者のハンナ・アレント（一九〇六―一九七五）を軸にすえる。

彼が、アレント（彼女についてはエリザベス・ヤング＝ブルーエル『ハンナ・アレント―世界を愛して―』一九八二年、日本語では同書の荒川幾男ほか訳『ハンナ・アレント伝』〈一九九九年〉が役立つ）に注目し、その思想に「大きく傾き始めたのは、一九八四年頃であった。」彼女の思想を手がかりに韓国の政治的動向や世界の情勢を見ると、心中にはたとえ激しい憤りや動揺を覚えていても、なお安らぎを得られたという。アレントに励まされたのである。彼にとり彼女の一つ一つの文章は現代にとり警句のように深い意味を含んでいた。

池は歴史を考えるとき、アレントの語る次の点に注目する。

アレントは歴史は三重の意味で成立しているという。一つには、たとえばマルクスが過去の歴史を階級闘争のそれであったと解釈したように、歴史にたいして意味を付与することで成立する。過去にたいする解釈としての歴史である。二つには、たとえばマルクスが階級なき社会をつくるべく行動することに意味を付与したようにして成立する。未来にたいする目標設定としての歴史である。三つには、たとえば階級闘争に人生の意味を見いだすというようにして成立する。生きがいとしての歴史である。

その上でアレントがこれら三つの意味を含んだ歴史を一元化してはならない、と主張している点を彼は共有する。「マルクスは歴史を振り返りその意味をたずねては、階級闘争としてとらえ、そして歴史は階級なき社会へと進むという必然的な意味を狙っているものとしてとらえた。そこでそのような無階級の社会を造ることが、現在における働きの目的であり、またそのような人生にこそ生きがいがあると考えたわけである。歴史における意味をこのように一元化することが果して正しいことであろうか。……歴史の意味が一元化されて、文化が失われている、物質的には豊かであるかも知れないが、余裕のない現代社会を彼女は厳しく批判した。」

では、歴史の意味を一元化することからまぬかれ、より豊かな人間、より豊かな人生と文化を回復するにはどのように考えていけば良いのか。池は、アレントがヴォルター・ベンヤミンのいう「歴史の天使」を自らの生き方にとり入れ、歴史への姿勢を明確にしたことを重視する。

「歴史の天使」というのはベンヤミンが一九四〇年に書いた『歴史哲学テーゼ』に登場するもので、この天使は普通の人が歴史に事件の連鎖しか見ないとき、破局を見てとる存在である。廃墟の上に廃墟が重ねられていくなか、そこから逃げ出すことなしに、「天使はそこにとどまって、死者をよび起こし、粉ごなに破壊されたものをひとつに組み立て」ようとする。

この天使はまた、ベンヤミンが「ゲーテの〈親和力〉について」で展開したように、過去の灰の上で燃えつづける焔をすくい上げ、進歩という強い風がパラダイスから吹いてくるのを待ち受ける存在である。(「歴史の天使」についてはベンヤミン論のところでさらに後述する。)

「過去から、歴史から、先人が遺した文化から切り離されてはならない。しかも過去にとらわれるのではなく、パラダイスから吹いてくる強い風に押されて未来へと進んで行かねばならない。これが歴史に立ち向う姿勢であり、真に人類の文化、日本の文化と対話を交わす姿勢であ」る(池『現代に生きる思想―ハンナ・アレントと共に―』一九八九年)。

さらに、彼が現代の政治を考えるとき、アレントの『人間の条件』(一九五八年)は示唆するところが多大であった。ここには目的のために手段を選ばない政治、不正なもの、汚れているものの代名詞になってしまった政治にたいし、真に反省をうながす思考があるからである。

アレントは『人間の条件』で、人間の存在と、活動などについて考察する。存在の条件とは、生命自体、出生、可死性、他者との交わり、世界性（人間の活動によってもたらされたこの地上世界に住むこと）といったものである。活動の条件とは、三つの側面、労働、仕事、活動に分類される。アレントによれば、労働は生命を支えること。仕事は工作・製作のこと。活動は個人の生命の維持や利害を離れた、公共のための言葉と行動による働きのこととされる。

この公的領域における活動をアレントは、自由民の働き、政治的人間の働きとみなし、アダム・スミスやマルクスが人間の働きを労働に収斂してしまったことへの反論、近代において労働が最高位を占めるに至った状況への反論を試みる。こうした状況は公的領域の縮小傾向を意味する。公的領域のなかで「労働においては表現することのできない本来的な自己、自分の能力、自分の特質が表現される」のとは反対に、人びとは、私的領域の小さな幸福へと後退する。私的空間においてこそ自由が満喫できると考える。大衆社会で個人は原子化され、群衆と化し、個性を失いつつしかも消費経済のなかで同一性に執着する、と。

大衆社会での政治は操作の政治となり、少数者の操作にゆだねられる危険に直面する。ナチスの政治もその一例である。アレントは現代の先進国にみられるこのような病理を暗い目で見つめた。しかし、池は、彼女の洞察を承知したうえで、その後に展開されたポーランドの連帯の戦いに至る一連の東欧圏の戦いにはアレントの暗い目付きをはねのけさせる可能性があるのではないか。アレントは新しい可能性を励まし、助言を与えるべきではなかったかと批評する（ちなみに、アレントは一九七五年に死去している）。

池は『人間の条件』におけるさらに重要な示唆につきユルゲン・ハバマスのアレント論を引用しながら論じる。ハバマスは「ハンナ・アレント、権力の概念」（『哲学的・政治的プロフィール』所収）で、マックス・ウェーバーは、権力を他者に行動を強要する可能性ととらえたが、アレントは権力を強制なきコミュニケーションを通じて共同体の活動に同意させる能力とみなしたという。ウェーバーとは根本的・対蹠的な立場に立つアレントのこうした権力論に池は共感したが、それは韓国の暴力的政治との戦いがしからしめたアレント理解といえよう。いわく。

「多数の同意というのが、彼女にとっては、権力が権力でありうるすなわち力を持ちうる根拠であった。多数の同意がなければ、それはパワーではなく暴力である。そのように権力について定義してこそ、公的領域において活性化された政治行動の展開を求めることができよう。それだけでなく、彼女が権力をこのように定義したのは、政治を力による強要と見なしてきた近代政治に対してチャレンジするためであった。それは、そのようにしてナチスの独裁となり、六〇〇万のユダヤ人を虐殺した近代政治に対する、アレントの一人のユダヤ人としての涙ぐましい戦いを意味したであろう。」

なお、暴力・強制ではない同意による政治については、前記のハロルド・J・ラスキが彼女よりはるか前に「同意による革命」（革命とは根底的な社会変革といった意味）を主張し、その実現に挺身していた。暴力を排除し、同意を政治活動の中心に据えたラスキの思想については、堀真清の「ラスキ裁判―同意による革命について―」『早稲田政治経済学雑誌』第三五〇・三五一合併号、二〇〇二年七月、ならびにラスキ『ファシズムを超えて』（堀訳、解説付き、二〇〇〇年）が論じている。

池は、アレントの政治観にさらなる共感をしめしている。それは、アレントがすばらしい政治とは、アリストテレスに依拠して、「目的を追わず、作品を残すことなく、ただ演技そのもののうちにこそ完全な意味があるすべての活動力」とした点であり、「政治の術とは、偉大で光輝くものをもたらす方法を人びとに教えるものである」ことに注意した点である。

このようなものとしてのパフォーマンスは、それに参与する人に徳を要請する。また、物質的には空虚であるにせよ人々の記憶に残る耐久性をもつ。池は、このアレントの指摘を前に、韓国の一九八七年一二月の不正に操作された大統領選において、この選挙に金泳三とともに挑んだ金大中が野党候補者の一本化のために辞退するという政治のパフォーマンスを、殉教者的に演じたならば、どうであっただろうか。それは「永遠の記録として残り、今日の韓国の政治におけるあのような唾棄すべき状況は生まれなくてもすんだかも知れない。そしてそれは、予期せざる歴史の転換をもたらしたかも知れない。」『人間の条件』を読みつつ、こうした「ナイーブな思いにふけらざるをえなかった。」という（『現代に生きる思想―ハンナ・アレントと共に―』）。池は韓国の現実に立ち返り立ち返りしてアレントを読んでいた。対話たるゆえんである。

ところで、彼はアレントの『暗い時代の人々』（一九六八年）を彼女の全生涯の課題とした問いへの探求の書と評している。暗い時代とは、詩人のベルトルト・ブレヒト（一八九八―一九五六）の詩のなかにある、混乱・飢餓・暴動・反逆の時代、「行くてはいずこも沼」の時代のことで、同書は、こうした時代に良心的な思想家たちはいかに生き、いかに死んでいったかを明らかにしようとしたものである。

アレントは、ブレヒトについて、彼は詩人であることがいつにもまして困難な時代に生き、そのような時代に暴虐を讃えたことで天与の才能を喪失するという刑罰を受けた、と見る。アレントが「あわれなＢＢ」と呼んだブレヒトは、ナチスを逃れてデンマークに、ついでアメリカに亡命した。ブレヒトは亡命者たる自らを「悲報の運搬人」と称したが、池の「韓国からの通信」に流れる色調からすると彼もまた自らを「悲報の運搬人」とみなしていた面があったようである。いや、「悲報の運搬人」より「狂報の運搬人」とでもいったものかもしれない。

池自身、「私は自分の『韓国からの通信』……これを読み返しながら、これも一種の狂人の書ではないかと思ったのです。あの時、日本にいたから韓国の状況をながめて、憂いがもう天を突くような状態でありましたから、やはりこれは狂っているなと思いながら、……」と述べている。

ブレヒトは、その後一九四七年にアメリカから西ドイツに行こうとしたが果たせず、結局東ベルリンにおいて生涯を閉じた。この行路にあって彼はスターリンへの頌詩を書き、残虐の共犯者になったが、アレントはブレヒトをただ責めているのではなかった。彼の避けられぬ政治参加を理解しつつ芸術からの離反を問題とし、「そのような文学否定的な生き方を選ばざるをえないからこそ暗い時代なのである」と論じた。「あわれなＢＢ」なのである。

池は、アレントのこのようなブレヒト論を詩人金芝河の活動に重ね合わせて読んでいる。ブレヒトはアレントの指摘した面では「あわれなＢＢ」であるが、自らの生きている時代と社会を告発する課題を文学においてまったく放棄してしまったのではなく、諷刺と諧謔に満ち、喜劇的でさえある叙事詩的演劇に地上での友愛の建設をもとめたのではなかろうか。池はこう述べたうえで、このブレヒトの行き方に比し、かつてあれほどその身を憂慮していた金芝河につき、彼が叙事詩的形式の作品から離れ、抒情詩への憧憬を見せる傾向はどうしたことか。「それは、美意識を優先させて社会革命を放棄することになりかねない。また、彼の文学におけるルンペンプロレタリアートの理想化……はあまりにも感傷的であると言えるかも知れない。……ルンペンプロレタリアとは、抑圧されている民衆でありながら、抑圧者の価値観に従属させられている者である」と評した（『現代に生きる思想―ハンナ・アレントと共に―』）。池は「あわれなＢＢ」の投げかけた問いかけを韓国社会に生きる詩人の問題として受けとめたのである。

ところで、池は時々「完全に引用文だけから成る作品」を書きたい、「一種のシュールレアリスム的モンタージュ」で著作をものしたいと述べているが、これはヴァルター・ベンヤミン（一八九二―一九四〇）がもっとも望んでいた方法である。

アレントは、ベンヤミンについて、「生きながらにして死んでいる」行き方を選びとりつつ、その人生を難破船のこわれかけたマストの先端にのぼって救助信号＝希望のメッセージを送ろうとしたものとみなした。前述のようにアドルノもベンヤミンの人生を死者の憂いをこめた視点から世界を眺め、「冷え切った生のなかで」ありとあらゆるぬくもりと希望を贈ったものと認めた。池もまたベンヤミンを絶望していても希望なき人々に希望を書き送るところの時代に逆らう受難者ととらえている。

さきにも一瞥したが、ベンヤミンは『歴史哲学テーゼ』（一九四〇年）において、「歴史の天使」にふれ、天使の顔は過去に向けられている。歴史にたんに事件の連鎖を（過去から現代への連続を）見る人々と違い、天使はそこに破滅に破滅を重ねた破局を見る。この破局を前に天使は、踏みとどまり、廃墟のなかから今でも燃えつづけている破片をかき集め、新しく人間の文化を組み立てようと試みる。歴史の天使がこのような作業をしている時、かならずパラダイスから強い風が吹き、天使は顔を過去に向けていたが、この強い風により天使は背を向けていた未来へと押し出される。「この嵐がわれわれが進歩と呼ぶものである」という。

池は、ベンヤミンの「歴史の天使」論とともに、ベンヤミンの立ちどまる散策者のスタイルにも注目する（散策者の意味を明らかに示しているのがベンヤミンの『パサージュ論』である）。ベンヤミンにおける立ちどまり、振り向き、左右の微細なものを見、過去も未来も見渡す散策者の目が、真の認識に到達する上で本質的であったとみなすからである。

散策とは、本来、収入が保証されて働く必要のない一九世紀の「上流中産階級の子弟」に与えられていた「一九世紀的歩行と思考のスタイル」であった。この散策者こそフランスの伝統における文人であった。彼らの生活振りから「パスカルの警句」も「モンテスキューの大胆さや公平さ」も生まれたが、アレントによれば彼らは一九世紀、二〇世紀においては過去に向かう教養人（教養ある階級）と職業的革命家とに分裂した。この分裂の歴史にあって、「教養の要素がまったく独特な形で革命的、反逆的なものと結びついていた」ユダヤ人べンヤミンはイスラエルに帰ることもできなかった。彼はユダヤの伝統の廃墟を見ていたのである。共産主義へ走ることも出来なかった。彼は共産主義にも廃墟を見ていたのである。

ベンヤミンはこのような相剋に苦しむなかで普遍的で根底的な問題に取り組んだ。そして、ベンヤミンは「全体としての西欧的伝統の適合性」を疑うところまで達した。池は、この地点にまで進んだベンヤミンとともに、「現代の文明、現代の世界は生き続けるに値するであろうか。それは果たして生き続けることができるであろうか。……西欧的近代が選んできた道を、これからも同じように続けて行くべきなのか。その不道徳な支配をいつまで許すべきなのか」と問わなくてはならない、という。この問いかけは、日本が西欧的近代の道を選択したことと。そして、そのもとで抑えられた韓国・朝鮮をはじめとするアジアの知識人はベンヤミンと同じ戦いを戦うことを要請されているということである。

池はベンヤミンの『パサージュ論』にしばしば言及する。そして、「哀悼的想起」を取り出す。哀悼的というように、それは過去の苦難に満ちたときや事件のことを、幸せにあずかることもないままに逝った人々を、弔う心で想起することである。国家も個人も、幸福をもとめることには限りがなく、これで幸福である、満たされたとはいわない。幸福は完結しないのであるが、ベンヤミンは発想を逆転させ、これで幸福である、もう満たされていると幸福を完結させることを説く。(このような発想は先に見た適量で満足すべしとのトインビーの言葉に通いあうものがある。)そして、苦難については、自国の、また自身の苦難が過ぎ去り、苦難が完結したと理解されるときになお、他国の、他人の苦難をいたましい想いで想起していくことをうながす。

「苦しむ隣人が見えてくるためには自分における苦しみの歴史を完結したものとしないで未完結のものとし、それをつねに思い、それに立ってものごとを考え、それと共に生きていかねばならない。これは退廃していく自己を救うことであり、自分の幸せを求めて退廃した現代社会に一種の救いをもたらすことだともいえるであろう」と（『韓国と韓国人』）。

ヤスパースの生きざま

池が敬愛するアレントの師は前出のカール・ヤスパースである。ヤスパースに励まされたアレントを理解するためにもヤスパースの『哲学への道』（草薙正夫ほか訳、一九八〇年）から彼のメッセージをいくつかみておきたい。

「私は自分に言って聴かせました。現実の世界にあって人びととともに生きることなしには、すなわち何事かを行なうことなしには、本当に哲学することはできないということは明瞭だ、哲学への道は抽象的な思惟の道をとるのではないのだと。」

「この世界のなかにあって、この世界の苦をなめ、この世界のなかで愛しつつ理性の道を見いだすこと、思想を活動させること、これこそ哲学それ自身の真理性を決定する試金石なのであります。」

「人間はいつも、他者に身を献げることによって人間となるのであります。」

池はこのような精神をしめしたヤスパース（一八八三―一九六九）の偉大さをアレントと共有するであろう。理性と誠実さをもってナチスの時代も生き抜いたヤスパースのかかる精神は、時代の出来事を追求していくプラクシスによって可能であった。ユルゲン・ハバマスはミシェル・フーコーを評して「歴史的なそのつどの瞬間が発する挑発に答える」思想、「アクチュアリティの存在論」の提出者だというが、ヤスパースの姿勢も池の生き方もまさに重大な決定を孕《はら》んだこのいっときに現代の心臓めがけて矢を打ち込もうとするアクチュアリティの哲学を実践したものである。

なお、アジアの将来のために池は七世紀から一一世紀にかけて東アジアに平和と繁栄が存在したことにしばしば注意を向けたが、こうした発想は、ヤスパースの人類史の発想とつながるのではないか。ヤスパースの発想とは彼が『歴史の起源と目標』（一九五二年）で展開した人類史における枢軸時代のことである。紀元前五世紀を中心に紀元前八〇〇年から二〇〇〇年にかけ、中国には孔子や老子、インドにはウパニシャッドや仏陀、ペルシャにはゾロアスター、パレスチナには予言者、ギリシャにはホーマーや哲学者や悲劇作家が出現した。無力な人間の救済と解放をもとめ、生きることの意味を問い、いかなる社会を建設すべきかを尋ねたこれらの多様でありながら共通のものを宿した思想・宗教をヤスパースは人類的発想と称し、今後に期待されるべき世界的統合の源泉と考えた。

池もヤスパースと同様、「人類とは、……われわれの精神に宿るものであり、人類的な発想を押し進める精神的なエネルギーなのかも知れない」と理解し、これをアジアの次元に引きおろし、アジアの地に平和と繁栄をもたらす発想を模索したのではないだろうか。

ちなみにアレントは、ヤスパースにおける真理とコミュニケーションとは同一である、真理は伝達さるべくある、とした生き方に注目し、「ヤスパースは孤独に対して反抗した最初にして唯一の哲学者である」と書いている。池もまた孤高の哲学などに興味を抱かない点ではヤスパースやアレントと同じである。

ブロッホの死の思索とディネーセンの物語の哲学

ヘルマン・ブロッホ（一八八六―一九五一）につき、池は、「ブロッホの著作には完成された文学作品よりは、エッセイが多い。彼の生きた時代は体系の時代ではなかった。体系に憧れながらも、実際には警句的なものを生みだすのにとどまらざるをえなかった。断片の時代であったと言えよう」と書いている。この評言はブロッホを貶《おとし》めるものではない。逆である。実によく書いたという評価なのであるが、この評価はまさに池自身に向けてもよいであろう。

ブロッホは六〇〇万人のユダヤ人が殺される暗い時代に烈しく抵抗した人物である。人間を助け出すことを課題とした彼は、単なる詩人でも哲学者でもありえなかった。彼は死について思索を集中し、死についての意識を追い払うことに向かった。それは人間救助の思想として暗い時代には不可避のことであり、人間の大量死が現実に存在するとき、死と取り組まない「アカデミックな哲学」は殺人に加担しているに等しいからである。

しかし、アレントは、ブロッホを批判し、殺すことが人間が人間に課しうる最悪のことでもないこと。ブロッホのいうあらゆる真の知識は死に向けられるという認識には世界へ向かう認識が欠如していること。戦争や飢餓による死ばかりか、全体主義支配が課している拷問や苦難があること。ナチス以降の世界的問題として「良心的な人びと、正義を叫ぶ人びとが死ではなく、死以上に忌むべきものにさらされている」ことを指摘した。池もアレントのブロッホ批判に同意しているが、それは韓国の現代史（日本統治下の、さらには解放後に出現した軍事政権下のそれ）を想起してのことであったろう。

ところで、著述に臨むさいの池の心境はどのようなものであろうか。それは主題により状況によりさまざまであるに違いないが、アイザック・ディネーセン（一八八五―一九六三）の「どんな悲しみでも、それを物語にするか、それについて物語れば、耐えられる」という言葉が去来したこともしばしばであったのではないか。ディネーセンはそもそも「自分の生涯の物語を語りえない人間は考えるに値する人生を持ちえない」と考えていた女性である。

デンマーク出身の作家ディネーセンは『アフリカの日々』（邦訳もあり映画化もされた）で有名であるが、

一〇歳のとき、父親に自殺された。彼女は父親から日頃オジヴウェー・インディアンがヨーロッパの文明人よりましで利口であることを聞かされていた。父親のヨーロッパ否定の精神を忘れずにいた彼女は、ヨーロッパの若い人びとが日常の世界から逃亡者として、あるいは革命者として生地を離れていくさまに憧れたことも手伝い、アフリカに向かった。同行した男性は或る女性の甥であった。或る女性とは父親が愛していた従妹で、彼女は二十歳のとき急死したが、結婚してからも父親は彼女のことが忘れられず、ついに自殺をしてしまったといわれる。

「この悲しい物語のためにディネーセンは、その少女の甥と分別もなく結婚し、ともにアフリカに渡ったが、それはみじめな結末に終った。」激情のなさしめた結末である。彼女はその後アフリカで愛人デニスに出会うが、一九三一年、デニスが死ぬ。彼女は一連の出来事をただの偶然、不運の連続ではなく、なにか一貫した原則の作用と考え、一貫性の徴しをさがしに立ち上がり、この失敗や悲しみを運命ととらえることで救いに到達した。悲話や「失敗と言えるかも知れない物語を想像力の中で反省しながら、くり返して物語ることによって、ようやくそれがまさに彼女にとっては運命であったとさとるようになった。この時には物語ることは救いを意味するのであった。」『アフリカの日々』を書き上げることで物語が運命の逸話となったわけで、ここに物語の哲学が成立したのである。

池は、ディネーセンの『アフリカの日々』に具現した物語の哲学をキリストとその弟子たちの関係に引照し、弟子たちは「罪なく若くして十字架にかけられた偉大な人をくり返して物語る間に、彼はキリストであり、主であると告白するようになったであろう。このように物語ることによって、悲しみから立ちあがり、たくましく歩み出すことができるのである」と述べている。

彼はまた、アレントもディネーセンの物語の哲学と同質のものを体験していたであろう、という。アレントの『全体主義の起源』や『暗い時代の人々』などを指してのことである。ユダヤ人虐殺の恐ろしさにおののき、あるいは、偉大な人びとの辛い人生に圧倒されたアレントは悲嘆しつつもこうした事態の意味や人々の物語を物語ることで、どのような悲しみも耐えられるということを体験し、出来事を運命とみなすことができたのではないかと理解したのである。

アレントは、ディネーセンの体験について「知恵は老年の徳であり、それはただ若いときに賢明でも慎重でもなかったものにのみ現われるように思われる」と指摘したが、池もディネーセンの人生にふれ、「これが、想像力の中で反省を重ねながら生きて行くという知的な生涯が経なければならない経路なのかも知れない。それがハンナ・アレントの生涯でもあった」と評している。これは人の歩みをやさしいまなざしで眺めることにほかならない。

なお、池には女性論や女性史としてのまとまった著作はないが、これは女性の問題について関心が薄いということではない。むしろ反対である。アレントに、ディネーセンに、さらにはローザ・ルクセンブルク（一八七〇―一九一八）に学ぶ姿勢にも女性の生き方・思想について、つまり人間の生き方について啓発され、期待を寄せていることがわかる。

ローザのやさしい人間のままの戦い

ローザ・ルクセンブルクはドイツの革命的組織スパルタクス団のメンバーであった。彼女は、第一次大戦後からドイツ社会民主党の覇権（ワイマール時代）を経てナチス・ドイツに至る、あの革命を想見する希望のなかで右翼軍人に撃たれ、運河に投げこまれた。アレントは、この希望の時代から暗黒の時代へと変転する分岐点、それがローザの横死であるという。

アレントはまた、カフカやブロッホやベンヤミンなどが、世俗的な意味の上昇志向に呑みこまれた彼らの父親の世代とその共同体に反発したのにたいし、ローザはユダヤ系ポーランド人の同輩集団の一員であることに誇りをもち、生涯そこから離れようとはしなかったことに注目している。池も、日本統治下の、あるいは軍事政権下の韓国キリスト教会が果した同輩集団としての役割を恐らくは念頭におきながら、「彼女（ローザ）は、彼女自身の郷里であるユダヤ人集団に対して反抗しながら自分の生涯を切り開いて行く必要がなかった。それは、彼女が警察の目を逃れて逃げまどった時にも、また投獄された時にも常に彼女を支えてくれた生命の根源ともいうべきものであった」と書いている。

ローザ自身、果敢な革命家であり、理論面での貢献も多大であった。そして、その革命への献身は理想主義に根ざしていた。彼女はドイツ社会民主党が巨大で組織化された官僚機構に化し、革命のことを忘却してしまうのではないかと憂えた。「社会との恒常的衝突」・恒久革命なしでは革命的精神の源泉そのものが涸渇してしまうと訴えていた。

しかし、「革命の失敗よりも醜悪な革命のほうをはるかに恐れていた」。革命のためには戦争も必要だと考えたレーニンとは違い、戦争による人民の虐殺には耐えられなかった。彼女はやさしい人間のままの革命家であった。池は、彼女のこのように素晴しい人間性に惹かれ、その手紙から数節を抜き出している。

「『大衆への失望』なんてものは、政治的指導者にとっては、つねに、この上ない恥さらしの証拠です。偉大な指導者というものは、その戦術を大衆の一時的な気分にではなく、発展の鉄則に合わせるものであり、どんな失望にもめげずにその戦術を堅持して、歴史がその仕事を成熟させるのに安んじてまかしておくものです。」

「そしてなお残された美しいものや善いものを、どんなにわずかでも、感謝して楽しむことを忘れないようにしましょう。」

池は彼女の善良さにかける戦いとその悲劇性を想起している。彼女は、一九一七年一月、獄中からカウツキー夫人のルイーゼにあてて、「善良であることが大切だ。一にも二にも善良であれば、それはすべてを解きほぐし、すべてを結び合わせます。そしてあらゆる賢明と独善にまさります」と書いた。池はこうしたローザのことを敬愛していう。「やさしく傷つきやすい人間であった。……そのやさしさ、ある意味で傷つきやすい弱さが彼女の力の源泉となったといえるであろう。ましてやそのような善良さのために、敵からだけでなく、味方また同志といわれる人びとからも彼女は孤独を強いられたであろう。」（『現代に生きる思想―ハンナ・アレントと共に―』）

彼女の生涯とその死を池は単に当時のドイツの罪悪に斃れた革命家の運命としてではなく、軍部と政治権力の結合が世界史的な現象となっている現代社会の問題を考えさせる手がかりとして、しかも、善良さが創り出す連帯への燈火と理解しているのである。池のこれら思想家との対話は彼らのあいだの同志的連帯感をいつも表白している。

アレントの政治・文化・教育論

現代政治におけるウソ、虚偽はかつてとは比較にならないほど濃度を増してきたが、今日のような「歴史の再記述、イメージ・メーキング、政治の実際的政策」のようなものに見られる、大々的な「事実と意見の大衆操作」は比較的最近の現象である。アレントはこう指摘した。

以前はウソとは事実を隠すことであったが、今は事実をつくり変えること、破壊することにまでなった。このような現代のウソ、全面的虚偽の体制にたいして戦うことは容易なことではない。アレントは、その虚偽と戦うことが実に困難であるという絶望を洩らしながらも、ウソは敗北するであろうという希望、楽観論を提示した。今日は暗いが、未来に可能性はあると。

池は以上のようなアレントの議論をふまえていう。

「今日いかなる国も、その虚偽のイメージを長く維持できるほど強力ではない。歴史を書き変えることで、むしろその敗北を助長するようになるかもしれない。事実は『そこにある』というどうともできない『頑固さ』を持っている。日本において歴史を書き変えるとすれば、アジア諸国の日本に対する批判と不信は高まるであろう。歴史的事実を日本の若い人びとの目から隠すことはできても、その事実がアジアの歴史のなかに厳然として存在しているという『頑固さ』は、消し去ることができないからである。」

このように池がアレントと振れ合う面は多いが、とくに彼女の文化、教育についての思考においてそうである。すなわち、アレントによれば、文化とはそもそも人間の生命過程、つまり新陳代謝し、より多く稼いでは、より多く消費するという享楽の欲望に抵抗しようとするものであった。しかし、今日、エンターテインメントが文化の価値基準になり、耐久性とも伝統ともかかわりのない方向へと大衆の欲求を満足させている。

ローマに起源をもつカルチャーという言葉は自然を人間になじませることや、心を耕すということ、さらには保存するということを意味するとともに、美にたいする感性をも意味していたのである。

人間は文化をこの世界に与えることによってのみ、地上における永続性をかちうる。日本の文化がなければ日本という世界は存在しないのである。文化がないところでは人間は孤独で、判断力を失い、自己中心的な、まさに公的領域という交わりの場をもたない存在となる。

であればこそ、カントの美学についてアレントはこう指摘したのである。「カントの政治哲学のもっとも偉大でもっともオリジナルな局面」は『判断力批判』のなかに見いだされる。「カントは、人間は美を前にした時、自分一人の良心に生きるという倫理的姿勢ではなく、『すべての人間の立場で考える』ことができるようになると考えた」と。

池は、このような議論とさらにはアレントのいう美意識と政治意識との接点に注意を向ける。「カントにおいては、美意識はこのように他者と一致することを期待するものであった。美を鑑賞する能力とはそういうものであろう。……このような美的判断は、他者を暴力でまたは真理の名において強制するものではない。それはただすべての人の同意を求め、期待するだけである。文化の世界とはそういうものである。実は政治もそうあるべきである。ここで美意識と政治意識は接点を持つようになる。美への同意は人びとを何よりも一つにするではないか。……それが真の意味において政治において求められるものである。」(『現代に生きる思想』)

教育についても池は、アレントの議論に同調し、さらに敷衍している。彼女は、現代教育における(一)幼児化の現象、(二)教育の内容より教え方への傾斜、(三)学ぶことがなすことにとって代わられたこと、を危機とみなした。

第(一)の問題は、子どもの自律にできるだけ任せるといういかにもアメリカ的考え方は、親または大人を無力な存在にしてしまい、正常な人間社会をそこなっている。子どもの世界から大人を追放することは教育の幼児化を進めることになる。いじめの問題は大人の不在、教師の権威不在の問題ではないか、という指摘である。

第(二)の問題は、教師が何を教えるかより、いかに教えるかと、技術に重点をおき、教師もそのように訓練されていることである。池は、アレントのこうした指摘にくわえて、「教師の権威は、知識以上にその人間において成立するものといわざるをえない。そこでその教師としての人間形成も教育技術の練磨によるよりは、専門の学問に対するあくなき探求心と情熱によるものといえよう」と論じている。

生きがい、人生観、信念が教育のなかで重視されず、いかにこの世をうまく生きていくか、金をもうけるかだけでは社会的危機の到来を乗り越えられない。アレントも、『正気の社会』で教育の危機を論じたエーリッヒ・フロムも、池も、こう理解したのである。

第（三）の問題は、「学ぶこと」を「遊ぶこと」に還元しようとする傾向である。大人になるということは「遊ぶこと」をやめること。学ぶことは、楽しいことを中止して、自らに鞭うち、強要すること。学ぶことと働くこととは英語のワークという単語がしめすように同じことである。子どもを放置してしまうことなく、教育しなくてはならない。アレントはいう。「教育はわれわれが世界を十分愛して、世界に対する責任を取ることにするのか、そして同じような愛の表示によって革新なしには、すなわち新しく若い者がこの世界にやってこなければ避けられない破滅から世界を救おうとするのかを、決定する場所である。」この言葉は池のものでもある。

ラスキの人生のための学問

私（堀）が思うに、そもそも教育とは生き方を教えることである。子どもの教育からさらに高等教育に眼を転じてみると、前記のハロルド・J・ラスキは「教育とは生き方の問題」「人生の方法」であり、情報の収集ではない。「すべての真の教育の主題は人生のより深い把握に導くものである」と主張した。幅の広い、人間的な教育が人生にたいする最善の訓練だと確信していたラスキは、「教育とは情報を提供することではなく、理念・思想（ideas）を差しのべ」、学生をして自ら考えさせることである。「学生にたいしては、常に問いかけることによって彼らの精神を攪拌《かくはん》し、彼らが知らないか、あるいはあえて避けようとしている難題に立ち向かわせることである」と考え、これを実践した。

ラスキがこのように人生のための学問、人生の方法となるような教育に挺身したのは、すべての基礎である平和を達成しつつ自由を創出すること、かつ、創出さるべき自由が平等に依存していることを念頭においてのことである。「平等なくして民主政治はなく、民主政治なくして自由はありえない。民主政治の真の意義は、個人の諸要求を社会的諸制度に照らして平等に考量することである。」これがラスキの教育観・学問論の根底にある信念であった。（堀「ラスキと政治学教育――ホームズ判事との往復書簡集を手がかりに――」『早稲田政治経済学雑誌』第三五二・三五三合併号、二〇〇三年一月）

池はいう。「生きるということは、他者と出会うことによって、自分のことを反省したり、否定したりして、自分自身の幅を広げていくことだと思うんです。とりわけ、そんな生き方が、国際化といわれる時代のあるべき人間の姿だと思うんです。」ラスキと同様に、池は生きるということを自己実現、自己拡充と考えるが、それは、他者に優越感や劣等感をもったりする生き方とはちがう。「弱い者には同情、共感、愛を示し、強い者には抵抗するという生き方」である。主体性とは、長上にたいしても正しくない点ははっきり指摘し、弱い者には「もっと元気を出せ、人生にはこんな生き方もあるぞと激励する」ことであると。

彼の強調するのは、「他者の他者性」を認め、そして共に生きる、相手から学ぶ、敬愛する、ということ。つまり視座を変換してみると、差別しているときにはわからなかった相手の美しさが見える。日本と朝鮮の関係も侵略された側からとらえ直していくことを要請しているのである（池「差別している間は、相手の美しさは見えてこない」（インタビュー記事）雑誌『あらはん』、一九八九年五月）。

韓国の教育も日本のそれも変革される余地が大いにあるが、池によればそれにはハロルド・J・ラスキが『信仰・理性・文明』で主張した「実践としての思想」、初期のキリスト教がなしたような「人心再生」にかかわる思想が教育の場にもとめられているのである（池「日韓教育思想における戦前と戦後」『教育哲学研究』第四三号、一九八一年五月)。

差別の問題

池は、いつも、差別され生活苦にさらされている人びとのことを考える。弱い者、よそ者として子どもが排除されることには人一倍悲しみ、状況の改善を迫る。こうした姿勢はたとえば彼の書評にも明瞭である。彼は訴える。

中国や韓国から日本に帰国した子どもたちが、ばかだ、きたない、死ねなどといじめられ、悲鳴をあげていることを知り、「この冷たい世の中でこの子どもたちはどのような生き方ができるのか。……何国人である前に同じ人間である。……この子たちが『どうして日本人はわたしをいじめるのですか』というかわりに、『私にも日本人のりっぱなお友だちがいる』と目を輝かすような日が、一日も早くくることを祈ってやまない」と。この子どもたちとは残留孤児となった人たちの子どもなどに限られないことは無論である(池「善元幸夫・押村敬子編著『国境を越える子どもたち』を読む」『本』一九八六年六月一日)。

無論、差別の問題への注視は在日同胞の運命に及ぶ。関東大震災における朝鮮人虐殺について調べた池は衝撃を受けた。「いろいろな資料を読んで、夜遅くなって眠りについたら、ずうっと悪夢を見続けて寝られない。途中怖くなって、起きあがって本を読んだりして、その晩を過ごさなければならなかったという体験までした。」

こうした恐怖は、ナチスのユダヤ人虐殺が、権力の命令によって官吏や軍人によって遂行されたのにたいし、日本の「鮮人斬り」の中心となった者が、鳶職・桶屋・駆者・人力車夫・火鉢屋・足袋職・行商・日雇いなど民衆であって、彼らが積極的に殺害行為に及んだ、と書く。

三・一独立運動のときも日本の在郷軍人や消防隊の青年たちによって構成された自警団のようなものが、鳶口《とびぐち》などで多くの人を殺傷した。「日本人の朝鮮支配の中において見られる特徴というのは、いわば軍・官・民一体の支配・弾圧であって、日本人居留民を徹底的に動員することによって、朝鮮人との間にはいかなる友好も成り立たない敵対関係を作っていくということである。」

この三・一独立運動のさい殺害された者は公式的には「七五〇九人」、関東大震災のさいはおよそ六〇〇〇人と言われているが、池は、関東大震災のさいの朝鮮人虐殺事件を「在日朝鮮人の歴史の原点として、……第二は、日本人の差別意識に対する告発の原点として」とらえなければならないと指摘する。

なぜなら在日朝鮮人の歴史の原点への取り組みは、彼自身の著作（『韓国文化史』）も含め、従来の韓国人歴史家の著作において、抜け落ちていた。韓国史を国土内に住む者のみの歴史と考え、上記のごとき歴史を民族史から切り捨ててしまっていたからである。彼は反省していう。

関東大震災での虐殺は、三・一独立運動のような英雄的抵抗運動の犠牲としてもたらされたものではなくて、無垢純真な民衆の中に、青天の霹靂《へきれき》のようにいわれなき死としてもたらされたものである。「在日同胞たちが差別され、虐殺されるということの、いわば端的な現れがそこにあるのではないか。また政治権力と民衆との一体によって抑圧されていることが、端的に象徴されているわけである。」

なお、私（堀）としては、『大地』で有名な作家、パール・バックが「中国の勝利」と題した一九三八年執筆の論文で日本と日本人を次のように分析していることを付けくわえておきたい。

「彼らは花を、子供を、風景を、庭を愛する。……こんな美しい国を私はほかに知らない。至るところに美が溢れている。……このような国民が、一方において、狂暴な、冷酷な、頑強な、ユーモアを解さぬ無慈悲さを併せ持つとは、実に奇妙な人生の矛盾である。日本の兵士は血なまぐさい戦場から帰還すると、着物に着かえ、腰をおろして、庭の植木や草花の美しさを楽しむのだが、そういう自分を矛盾した存在とは感じない。……彼らは真摯そのものであり、自己をたのむこと深く、また自己以外の視点からものを見ることのできぬ人々である。」（パール・バック『私の見た中国』佐藤亮一・佐藤喬訳、一九七一年、所収）

ヴェイユの社会参加と敬虔な信仰

池の思想的対話の跡をたどることが少々長くなったが、彼はシモーヌ・ヴェイユの存在にも大きな意味を見いだしている。彼は、その長い亡命の日々、韓国において民主化闘争をしている友人たちの戦い・信仰・民衆への参加・愛と苦しみを理解し解釈すべきキリスト教的・神学的言葉を探していたが、その言葉（信仰の言葉）はヴェイユの生き方に存在した。

ヴェイユは、一年間の工場生活でぼろぼろになった身体をひきずって一九三五年夏、両親と共にポルトガル旅行をしていたとき、ある地方で漁師の妻たちが小船のまわりをまわりながら古い賛美歌を歌う場に出会わせ、キリスト教はまさに奴隷たちの宗教であると思いいたった。彼女は、この体験によってキリスト教を虐げる者と虐げられる者との関係において見、虐げる権力を批判しながら虐げられる側がひたすら耐えて待ち望む生き方がキリスト教的な生き方であること。このキリスト教的な生き方を支えるのは、ルカによる福音書一〇章に見られる名もなき隣人への普遍的な愛であることを理解したのである。

彼は、ヴェイユの権力にたいするキリスト教的な生き方につきこう述べている。

「今までラインホルト・ニーバーなども権力の批判をものすごくやってきたわけですけれども、シモーヌ・ヴェイユがそれをもっと生々しい根本的な形において提起していると思えます。と同時にヴェイユは権力側の反対にある力のない側における、宗教の意味が何であるか、特にキリスト教の意味が何であるかということを問題にしました。今まで彼女ほどそのような問題を明確に提示した人はいなかったのではないかと思います。」池は、ヴェイユが宗教化していく傾向（宗教性への回帰）、社会参加をしながらかえってイエスこそが認識と命の源であり、イエスのみが道であると告白したことに注目する。

彼女は「多くのもの、私が愛し、捨てるに忍びないあれほど多くのもの、神の愛したもうあれほど多くのものが教会の外に存在すること」に悩んだ。彼女における証しの問題である。結局彼女は、教会の敷居の所で動かず、待ち望みながらこらえていく姿勢で民衆の方に、教会の外にある人々に向き合っていなければならないと考えたが、この証しについての美しい言葉に、この世と教会との在り方が問われている。ヴェイユは「悲しみの人」エレミヤ、現代的な悲しみのエレミヤであり、その思想と生き方は今に生きつづけている、と（池「シモーヌ・ヴェィユの思想に対する神学的省察」『福音と社会』（農村伝道神学校紀要）vol. X. 一九八〇年）。

大江健三郎と三木清

ここで池の出会った日本の知識人についても寸描しておく。彼は、作家の大江健三郎とはシンポジウムなどで同席、その人柄に直接接してもいるが、早くからその作品を通じて大江の人としての素晴らしさを感じ取っていた。たとえば、大江の『世界』一九八一年六月号の文章「核シェルターの障害児」にふれた一文において次のように書いている。

大江の息子さんが入る養護学校の入学式で、校長が「障害を持つ子供ら」と語ったとき、「僕（大江）には障害を持つ子供らという（校長の）言葉が、あたかもなんらかの人間的資産のようにして障害を持つのだというように胸にこたえた。」このように吐露した大江にたいし、池は、大江はここで自責の念、悔い改めをともなう認識のコンバージョンを感じたのではないかととらえた。身体的あるいは知的な障害をもった人は、親や社会にとって重荷であるより「人間的資産」であると感じたとき、人間を見る目が温かく、深くなり、非人間的なことにたいして憤りが生じる。それはまさに「見えない人たちが見えるようになり」（ヨハネ・三九）見えなかったものが見えるようになること、常識的な、差別的な見方が打ち破られ、もっと大きなことを見ることである。

「こういうところから、大江氏の広島や沖縄に目をすえた文学、失われた真の人間共同体を求める文学世界が可能になったのではなかろうか。彼からわたしたちは、キリスト者以外からの、教会の外からのキリストのメッセージを聞くのだといえるかも知れない。」「認識のコンバージョンを経験した人びとのことばは、決して単なる知識のことば、空ろなことばではない。それはパウロにおけるように痛みのことば、涙のことばであるかも知れない。パトスのことばであり、情熱のことばや行為であろう。」（『勝利と敗北の逆説』）

なお、大江のコンバージョンについての池の指摘を理解するには、たとえば大江自身の作品から次のような一節を引き出してみることが必要かもしれない。

「……イーヨーの弟は結局のところ小児癌ではなかった。……検査のかえりに、イーヨーの弟（サクちゃん─堀）をこちらの病院の外来待合室に残して、友人を見舞うこともあった。……ついに（友人の─堀）H君が死んで、葬儀の責任者の役割を僕は引受けた。通夜の客に挨拶する、寒風吹きさらしの縁側に座っている僕の頭には、なお検査のつづいている息子のことが片方にあり、通夜に来てくれた先輩の作家が、──あいつの子供たちの兄の方がでなくて、今度は弟が病気だというのが気の毒だ、といっていたという、その言葉も気にかかっていた。それは正直にいうほかはないが、意識の底の方にあった、弟のかわりにイーヨーがという、一瞬の酷たらしいひらめきのような思いを、鋭敏にとらえて串刺しにし、僕につきつけてくるものであったから……」（大江『新しい人よ眼ざめよ』一九八三年。なお、イーヨーは大江の長男、サクちゃんは次男のことである。）

池と大江のあいだには信仰をもつ者ともたぬ者の垣根などは存在せず、痛みを力に変えていくことにおいて、さらにいえば世界を希望のある方向へ動かすのが想像力なのだというローマン派の尊重において同志的理解で結ばれている。

今一人、哲学者の三木清も池の敬愛する知識人である。池は、三木の『哲学入門』（一九四〇年）を韓国語に翻訳したが、この本を「あの時代における一つの最大の抵抗の書であったと考えている。」という。あの時代とは昭和戦前期の暴力と反理性の時代を指す。三木は、このような狂乱の時代にあって、ソクラテスが克己と愛とを真の知識を得るための道徳的条件と考えたこと。アリストテレスにとって知識は知性的徳として人間の生活の最高の形態であったこと。キリスト教では認識にたいする愛の優位が説かれたこと、を『哲学入門』でしめし、良心的に生きるよう日本人に語りかけた、と。

現代は知識に溢れている。欲望の知は氾濫している。しかし、愛に満ちた知はどうか。あの生きることの容易でない暗い時代にあって、三木は愛の問いにたいして世界が答えること、対象の自己啓示があることを論じた。三木はその契機を知識が良心的な愛とともにあるときと考えていた。「我々が良心的であることによって物は我々に対して真に表現的に顕われるのである。」（『勝利と敗北の逆説』）

池は、三木清と同様、知識が倫理と分離するものではないと考える。池は三木の説く知識が愛とともにあるとき、愛の問いにたいしては世界が答えるという点、暗い時代の抵抗者としての三木が愛に満ちた知を理解していた点に感銘しているのである。もっとも抵抗者三木という一義的な評価には検討を要する点もあろう。三木の時務論には時局に流された跡もうかがえるからである。この問題については、堀「東亜新秩序建設の思想と現実」（『西南学院大学法学論集』第二五巻第二・三合併号、一九九三年一月）が言及している。

なお、三木の『哲学入門』についてもう少しふれておくと、三木は原稿を書き上げるのに悪戦苦闘し、一日に二、三枚、ひどいときは一枚、さらには一枚も書けない日もあった。そして校正もほとんど原形をとどめぬほどになされた。なぜ三木はこれほど執筆に苦しんだのか。池は、その理由を迫りくる暗黒時代に向かって時代の証言を書き綴ること、このような時代にあっても人間を愛し救済する思想を織りこもうとすることに由ったのであろう、とみなす（池「夏休みに贈る一冊の本　三木清『哲学入門』」『季刊牟礼』第一七巻一・二合併号、一九八七年）。池自身の著述や講演などが、まさに時代の証言であり、かつ、「人間を愛するが故に最後まで人間救済の思想をその中に織りこもうとした」点では三木と同じ地平に立つものといえよう。

以上、その足跡、「韓国からの通信」ならびに思想家との対話からいくばくかを抜き出しつつ、彼の行動と主張にふれた。思想的摂取と応答、そして信仰にも及んだ。それは彼の営為がひとつの点に収斂することに注目したいがためである。すなわち、眼前の社会を、いかにすればより良い社会にすることができるか。いかにすれば人として生きるに値いし、他者と共に希望を感じる社会の建設が可能か。この課題に取り組みつづけたことを記録したかったからである。

池の課題は一言でいえば民主主義社会の創造にほかならない。軍政から民政に移行したことで社会の民主化が達成されたというわけではない。民主主義社会はこうした安易な指標（あるいは時期区分）で論じられようか。否、それはあらゆる種類の権力悪と不断に戦い、自由と人権を、平和と繁栄とを、つまり人間の条件を少しでも伸張する努力を要求するものである。そして、かかる課題は一国単位では充足されえない。少なくとも東アジアにおける協働関係の成立が必須である。これが池のメッセージなのである。

むすびにかえて

池明観は、昨今の韓国社会を「ほとんど民衆が不在」の状況とみなしている。詩人金芝河も一九九四年の詩集で「昔は生い茂っていた／数々の考え今は消えゆく／むなしい空間に／枯れた木の影一つ」と詠んでいる。大衆消費社会の到来のなかで、韓国人の多くが社会的意識を欠いた大衆・群衆として特権を要求するだけだ、という批判であろう。このような韓国社会をまえにして池もカール・ヤスパースの体験した失望を味わっているようである。

ヤスパースはドイツ社会（西ドイツ）が経済的復興に流され、「至るところにいる大衆（mass）は彼らの外見や彼らの話し方において、状況や育ちによって決定された〈習慣〉を現わしているのに過ぎない。彼らは彼ら自身を知らないで他人の語ることを語るだけである。」（ハンナ・アレント宛書簡、一九四七年五月一七日）と書き、スイスのバーゼル大学に移って行った。

池の失望は大衆に向けられているばかりではない。知的エリートにも投げかけられている。彼はいう。『韓国文化史』や「韓国からの通信」を書いていたときとは今昔の感がある。「そのときは私自身が知識人の一人だと気負っていたのであろう。いまはもう知的エリートと民衆の区別などほとんどなく、みなが大衆消費社会における単なる市民に過ぎない。……指導的エリートという自覚もなく、そのようなエリートへの期待もないようである。革命なき時代という設定の下で変革を指導すべきエリートの役割が終った。そのために儒教的伝統から継承されてきた知識人が姿を消したように見えるといってもいいのかもしれない。」（『韓国と韓国人』）

知識人について彼はディヴィッド・リースマンの定義「理念のために（for ideas）生きる人びと」に触発さ

れてきたが、最近では、ユルゲン・ハバマスのいう「自分個人に関係があるだけではない事柄に対して、権限のないまま責任を感じる人」（ハバマス『遅ればせの革命』）という見解を受け入れている。

池は韓国社会の現実に、また日本社会の社会的知性にも、失望を深くしている。それは彼自身が理念に生き、他者・社会・世界のことがらに権限のないまま責任を感じてきたがゆえの苦悩である。多くの同胞が自由・独立・民主・民権・平和のために戦い、傷つき、死んでいった。これら同胞・民主人士の崇高さと犠牲と死につき、彼らをして語らしめるという課題を今日誰が担っているのか。韓国社会はこの責務を忘却しつつあるのではないか。

すでにふれたように民衆との関係においてはミシュレがそのような歴史家であろうとしたが、本来は民衆が歴史家に歴史を口述するのである。歴史家が歴史を書くのではない。果して歴史家に歴史を書かせる民衆はどこに行ったのだ、というこれは問いである。池はしかし失望だけで終わらない。

ごく最近もこう論じているのである。

「鳩山由紀夫首相がまだ野党民主党の代表だった（二〇〇九年）八月一〇日、韓国の新聞に『私の政治哲学――友愛論』を寄稿した。そこで『東アジア共同体』の『創造』に言及し『アジア共通通貨』の未来についてまでも展望した。……この理想に中国も韓国も心を一つにすることは決して難しいことではあるまい。この理想が、国民を励ますだけでなく、政治が国民によって支えられるべきであると思われる。……東アジアにおいて現実的に日中韓の『東アジア共同体』を優先させることは、北朝鮮問題をも解決する道にも連なるであろう。まず、日韓が、共同で北朝鮮問題の解決に合意できるとすれば、それは両国の間に、真の和解をもたらす契機ともなるだろう。和解は単なる言葉の問題ではない。それは行動において協力し合い、共通の目標に到達することによってもたらされるものだろう。日本の新しい政治とともに、そのような日が早く来ることを祈りたい。」（京都新聞、二〇〇九年一〇月二一日、「オピニオン・解説」）

私（堀）自身は鳩山新政権にさほどの期待をもたないが、池はあえて日本社会の背中を押すのである。池も八〇代半ばとなり、晩年について考えることも多いのではないかと思うが、二〇一〇年一月にも新刊『韓国近現代史』を世に問うたように彼の老いを知らぬ精神は輝いている。

ヤスパースとアレントとの往復書簡に池が関心をしめしていることもその証左であろう。その書簡とはこうである。

一九五一年、六八歳のヤスパースは、「私は今まさに私がほんとうにいいたいことをはっきりと表現し始めているように感じる日々に深く包まれている。気が狂うほどである。多分カントが次のようにいったことは正しいであろう。あなたが実際にまじめにあなたの仕事をはじめることができるというところまで来たそのときにあなたは死んでいかねばならない。……私（ヤスパース―堀）はいま身のほど知らずにくり返し新たな考えを始めている。」

四五歳のアレントはこれに応えていわく。

「神々は愛する者たちを若いうちに連れ去るというのは今も真理である。それは文字通りに正しいというのではなく、神々は愛する者たちに老年の安楽のようなものを許さないということ、即ち〈年老いて人生に疲れた〉という感じを許さないという意味である。……」

前述のブロッホもその『希望の原理』（山下肇ほか訳、一九八二年）でボルテールの深遠な言葉を紹介している。いわく。老齢は無知なるものにとっては冬であり、学識のあるものにとってはぶどうをつみ、果汁をしぼる場である。ひとりの人間の晩年は、高度の集中が青春のなかにあったものほど、それだけ真似事でない意味での青春を多く含んでいる。

池には人生に疲れたという感じは許されないし、老いるということは、「しらがは栄えの冠である。正しく生きることによってそれが得られる」(「箴言」一六章)という意味で得られたそれである。

さて、いよいよペンをおくにあたり、改めて池明観をどのように表現したらよいか答えを迫られるが、何より優しい人といいたい。そして、絶望のどん底においても民主主義社会をめざし進みつづけるようにと希望を語りつづけた不屈の市民である、と。

彼におけるこの希望の源泉は幼少時に母親からいつも聞かされた聖書の教え、「神を愛する者たち、つまり、御計画に従って召された者たちには、万事が益となるように共に働くということを、わたしたちは知っています。」(ローマ書八章二八節)にあろう。ヤスパースはこれを次のように述べている。

「確かに回顧してみると、人生が奇しくも一つの計画にしたがって過ごされたかのように見える場合がありえます。しかしそういう場合でも、その人は人生計画を持ってはいなかったのです。それについて私が知っているもっともよい例はキルケゴールです。……つまり一切が、祝福も不幸も、ひとつひとつの著作も、まるで一つの計画が全体を導いてきたかのように組み立てられて、次々に現われてきたというのです。その際キルケゴールは摂理に対して、神性に対して、深い信頼の念をいだいていました。摂理が彼を導き、彼を利用してそうさせたのだ、『摂理が私を使った』――このことをキルケゴールはこう言い表わしています。」(ヤスパース『根源的に問う――哲学対話集』武藤光朗ほか訳、一九七〇年)

いや、そんなむずかしい言い方はやめて欲しい。自分(池)はその時々の社会の要求に、苦しみながらも希望をもって、応えようとしただけだというであろう。しかし、この積み重ねを指すために私はヤスパースの言葉を引用したのである。

最後に、今一度先生と呼ぶことを許してもらいたい。池明観のここまでの人生を顧りみるとき私としては先生のなかには韓国知識人のエートスに深く根ざした高いこころざしがあったことを思わざるをえない。さらに先生を支えた家族、とりわけ姜貞淑《カンジョンスク》夫人の存在を思い起こさないわけにはいかない。韓国で日本で御目にかかるたびに私は夫人のやさしく万事にひかえめで、そしてゆるがない人柄に打たれる。

この評伝は、姜貞淑をふくめ民主化の戦いに参加した、そして、これからも参加しつづけようとする韓国の人たちに捧げられるべきものである。

この評伝は、また、隣国にたいして私たちがかつて犯したことや、一九四五年八月以後においても隣人が直面してきたことを思い起こし、問いただそうとする日本のすべての人たちにも届けられたらと思う。その想いは韓国併合百年にあたる今、ことさら強い。「思い起こすとは、……その出来事が自分の存在の内部の一部になってしまうほどにするということで……思い起こすことなくして和解は起こりえない」のである（R・v・ヴァイツゼッカー『想起と和解―共に生きるために』加藤常昭訳、一九八八年）。

南北統一という未来を望みつつ、先生にとっても朝鮮半島の人たちにとっても忘れられない詩人の一人、李庸岳《イヨンアク》の詩をもってこの小さな知的評伝の結びとしたい。

「貧しい詩人サンウンも
安心していい文章が書けるように
国よ、早く建て
なつかしい人、あまりにも多いではないか
首など抱きしめて
一度でも泣いてみられるよう
よき国よ、早く建て」

附録　座談会―池明観先生を囲んで

徐禎完　本日は、日本語版を早稲田大学出版部で、韓国語版を当翰林大学日本学研究所が刊行する『一亡命者の記録―池明観のこと―』の著者である堀真清先生をお招きいたしました。この本は、池明観先生が今までどのような道を歩んでこられたかということがベースになっていますが、本日の座談会では「一亡命者」でいらっしゃる池明観先生もお招きして、ご本人から直接お話をお伺いすることができればと思っております。著者と主人公の対談を軸にこの本で書かれている内容にたいしてどのようなご感想あるいはお考えをもっておられるのかなどのお話をお伺いできればと思っております。また、この場には翰林大政治行政学科の梁基雄教授にもご参席していただきました。

まず、はじめに堀先生に『一亡命者の記録―池明観のこと―』を執筆することになった動機などをお伺いできればと思います。

堀真清　池先生の評伝ですが、一九八七年の盧泰愚大統領候補による大統領直接選挙制宣言、いわゆる韓国民主化の達成から二〇年の節目の年（二〇〇七年）に間に合うようにと本来は準備したものです。短い時間で書きましたので、とても不十分で平面的な記述に終わりましたが、すこしお話しさせていただきます。

今朝、ソウルからバスで春川に来ましたが、途中の景色、山並みも畑もきれいですね。こういう美しい国を思う気持ち、ここに住む人々のこと、これが池先生のいつも念頭にあったものではないか。私は池先生を日韓の架け橋とか、アジアの知識人という風に申していますが、先生はカントリーとしての韓国を胸にこれまで歩んでこられたこと。このことを最初に申し上げたいと思います。

それから、ミャンマーを考えてもそうですが、軍政とは非常に鉄面皮といいますか、過酷なものですね。先生が戦ってこられた韓国の軍政は、そのミャンマーと比べても厳しいものであることは先生の『韓国からの通信』で理解できます。軍政は今にいたるも世界の各地で生きているゆえ、この本を紹介しながら、韓国の歴史としてだけでなく、現代史を考える手がかりとして、新たに読み直していただきたいと思っていました。

先生といえば亡命知識人としての歩みが大きな比重を占めますが、この点では、ナチズムと戦ったトーマス・マンのような人を思い浮かべたのです。トーマス・マンの場合は、亡命先のアメリカで発言することができたし、語ることを義務としていたのですが、池先生も、そのようなタイプの亡命知識人であり、マンよりさらに活発に活動したのでした。それにたいして日本の大山郁夫さんなどは一九三二年にアメリカに行き、そのまま一六年間の亡命生活を余儀なくされましたが、ご自身はその間を空白の一六年間だったといっております。そこには日米市民間の連帯の余地はなく、自分の国を思っても通信する手づるさえなかったのです。先生の亡命の在り方はどのようなものであったのか。この点を、他の国で、それぞれの時代に生きてきた亡命者たちの問題として考えてみることも意図していました。

無論、和解と協力への架け橋という点で、先生がとても大きな仕事をされたことも記録に残したかったのですが、その道筋をつける仕事の困難さは想像以上だったと思います。私は何回も韓国でのシンポジウムに呼んでいただきました。そこでは日韓の和解とか協力といいますが、それが難しいことは会場の雰囲気からも感じました。なぜ難しいかというと、人間の命を奪い、名前も宗教も言葉も人間の一番大事なものを奪っているからです。それは清算という言葉ではどうにもならない問題です。

アメリカでパール・ハーバー五〇周年の年、ホノルルでブッシュ大統領、あの人たちが政治の会議を、私たちはニューヨークでシンポジウムをやりました。自分も日本からひとり発表に行きました。その時、日本人の戦争哲学を報告しましたが、アメリカの聴衆の反応はとても冷たいものでした。真珠湾攻撃で犠牲になった人にたいして日本政府は謝罪していないが、お前は一市民としてどう考えるのかというわけです。シンポジウムはライブで放送されましたが、放送関係者までが質問をあびせ、私は立ち往生しました。

それにたいして韓国でこういう会議をやる時、日本人をやり込めるのではなく、日本人に内圧的にものを考えさせる、こういう仕組みで和解の筋道をつくっていくのが池先生のやりかたでした。お前は何だというのではなく、内側から我々がものを考えていく、それを迫っていく方法です。

あと一、二点だけ申し上げますと、これは今後の課題ですが、先生の実際的な、また、文化史的なお仕事を見て、わかったというのではなくて、先生は問題を提起されたのであって、後進がそれを引き受けてどう発展させるかということが宿題としてあります。その意味で先生の業績は完結したものとは考えておりません。

それと、池先生はハンナ・アレントのことを、アレントは哲学者であるよりは評論家であろうとした、とよくおっしゃいます。評論家というのは時務論、時代が抱えている任務を論じることができる人間です。これも私には大事な教えですが、いまだものにしていません。池先生の場合は、あるべき社会をどうつくっていくか、ユートピアではなくて、現在の状況を踏まえて、そこから動員できる人間関係、情報を共有するかたちで、時務論を試みたことも見逃せないと思っています。

魯迅のような知識人は中国人を非常によく見つめていますね。見つめながら封建と戦い、ファシズムと戦ったのですが、こういうアジアの知識人のさまざまな生き方を考えながら池先生の伝記を書いてくれる若者が現われることを望みます。私の書いたものは池先生のお仕事に則してその一端を紹介しただけのものです。

池明観　私が最初日本に行った時、私が韓国の知的状況の中で身につけていた考え方が大分間違っていたという気がしました。韓国では戦前の記憶の下にものすごく日本を否定的に考えていた。それが日本に行ってみるとそうではない。日本に行ったことでそれまでの私の日本人観、あるいはアジア全体にたいする考え方、そういうものがものすごく変わってきたということです。同時に韓国にたいしても話したいことが多くなった、いろいろと韓国人にも伝えたいことが多くなりました。

そういうなかで、軍事政権がまだ存在したわけですから、軍事政権が早く終わってくれないといけない、そして日韓のあいだにおいても自由な往来ができて、中国とのあいだでもそういうような時代がこなければならないと思ったのです。

私自身は『韓国からの通信』を書くようになりまして、韓国問題を中心にものを書かなければならなかったし、それに集中せざるをえなかったのですが、私の考え方の全体的な構図はアジア的構図になってきた。そういう意味においては日本にたいして、あるいは韓国自体にたいして、あるいはアジア全体にたいしての考え方を根底から改訂せざるを得ない、修正せざるを得ないような嵌めになったのです。

最近、東アジアの平和とかが大変いわれるようになりましたし、東アジア共同体という話も盛んにするようになったのですが、一九七〇年代の初め頃はまだ日本ではそういうことがいわれない時代でした。韓国内を眺めて見ると、軍事政権下であるし、自由もなければ、我々において優先した問題は国内の問題である同時に南北問題でありましたから、それだけに集中しようとする傾向がありましたが、これではいけないなと思うようになってきました。日本との出会いによって私自身が変えられたと申し上げて良いと思います。

こうして、東アジアの全体的な現状に批判的であり、日本の政治にたいして批判的である人々、こういう人々と連帯することになってきたといいますかね。そうしていきながら私は南北問題にたいして、これはあまり結論を早まっているのかもしれませんが、南北問題が優先するよりも東アジアの日中韓が優先すると考えるようになってきた。日中韓を優先させながら北との問題をどうすれば平和的・友好的に、東アジアの未来を考えながら解決するか、これを考えなければならないという意味で、今日においても韓国の知識人というか反体制人というか、そういう人と喧嘩をするようになってきたのです（笑）。

それは、非常に卑近な言葉で申しますと、兄弟喧嘩をした時に兄弟が和解するためには第三者が存在しなければならないでしょう。二人で和解できませんよね。そういう展開、そこに政治問題があり、イデオロギーの問題があり、いろいろな問題が絡んでいますが、私は東アジアの日中韓がいかにあるべきか、アジア全体の問題を考えながら北朝鮮の問題を取り上げなければならないという考えになっています。

しかし、一九七〇年代初めというのはそういうことがいえる状況ではない、日本ですらない。出会った中国の人たちと話し合っても、中国の共産主義をそのまま宣伝するような話で対話が不可能だったのです。我々と韓国の軍事政権の人々との対話は非常にむずかしかったが、それより遥かに対話しにくい状態でしたね。日本の良識のある人々とはそういうことを平気で話しましたが、日本の全体的な雰囲気のなかには非常に右翼的な考え方が強い時代でした。もう一方では非常にイデオロギー的な発想をする人もいたし、日本でいろいろ友情を育んできましたが、私はその時非常に孤独でした。しかし、それでも皆にちやほやされて、可愛がられて、助けられて、それで日本における私の生活基盤がすこしずつできていくような、そうしながら自分の思ったことをいえるような、何といいましょうかね、日本人が憎めなくなりました（笑）。

そういう点で韓国では、あまり日本に傾きすぎだ、親日派であるというかも知れませんが……ただ韓国に帰ってきて私がいろいろやっても、アジアの新しい方法を考えながら日韓関係を考えなければならないことを主張しても、比較的無難に受け入れられたということは、韓国にいる時にやはり軍事政権を戦っている経歴をもっているからです。日本での生活は、文化開放の問題とかをやる時に、プラスになったのではないかと思いますね。朴政権時代に反体制的であったゆえに、その後になっても民主化の勢力の人とも対話ができるようになりました。私にとっての二〇年間の日本生活というのは意図しなかったものだし、全くそういうことを考えようともしなかったのですが、ものすごい変化をもたらしてくれました。

ついでに一つだけこの研究所と関係したことを申したいと思います。韓国に帰ってくる時、私はこれから日本についてものを書くとか、日本のメディアにものを書くことは一切やらないつもりだったのです。韓国のことに集中して活動する生活に戻るか、あるいは、年寄りだから完全に引退して何もしないでゆっくり老後を楽しむか、その二つのどちらかを選ぼうとしたのです。

それで、翰林大学から日本学研究所を設立するから来てくれないかといわれた時、一週間ぐらい悩みました。二〇年間日本のことを考えたのに、また残りの人生を日本のことを考えるのか、と。しかし、残り少ない人生ですけど、何か日本と韓国のあいだですべき仕事があって、私を日本に長いことやっていたかも知れないと考えるようになり、この日本学研究所を引き受けることにしたのです。

堀真清　先生を親日派だという人もいるでしょうが、そうは思えません。知日派というか、日本を理解していらっしゃいますが……池先生は日本のことを、お尻を叩いてくれながら日本よ良くなれ、といっておられます。その点では親日という言葉が当たっていると思いますが、普通一般に使われている親日派ではないですね。

先生は、日中韓、この三カ国を中心にしたアジア地域のなかで韓国社会はどうやって生きていくのか、どのような地位、役割を占めるのか。このことをいつもおっしゃっているので、先生は親韓派ですよ、親日でもなく親中でもなくて（笑）。

先生ご自身のスタンスというのは典型的な韓国の知識人のそれで、そのエートスにまっすぐ立って仕事をされた人だと思っています。このことをもっと表現したかったのですが、如何せん韓国のことがわからからない、その点、先生にもご迷惑をかけたのではないでしょうか。私は韓国の政治も文化も歴史も不勉強なので、韓国で先生がどのような仕事をなさったのか、どのような評価を受けているのか、それがわからなかったことは、この本を書きながら気にしていました。ですから、池先生の韓国での仕事とそれをどう評価するかをわきまえた人が、先生が日本で何をされたのかを理解しながら論じる。そこから池明観という人物の評価、評伝もはじまるのだと思います。

梁基雄　韓国と日本の関係は近くて遠いという表現がありますが、韓国では九〇年代に入ってからは優れた日本専門家グループができはじめます。にもかかわらず、その当時、全般的にいえば韓国社会は日本をよく知らなかった。そこで池先生は、韓国社会が日本を理解できるようにした貴重な役割をなさったと思います。特に池先生が育てたこの日本学研究所と、ここで出した本が、韓国で日本を学術的に研究できるようにした貴重な文化遺産になったこと。それも池先生のお陰だと思いますね。

徐禎完　内側からの反省をもとめるといるという話がありましたが、私がはじめて池先生のことを知ったのは一九八〇年代のことです。まだ日本で院生をしている時で、東京の韓国文化院が中心になって日韓の異質性と同質性をテーマに三日間にわたる大がかりなフォーラムを開催したのですが、その時に日韓双方の発表原稿の翻訳をはじめとする全般的な仕事を担当させていただき、歴史や文化関係の原稿を大量に読む機会を得ることができたのです。その時はじめて、こんな視点でこういうことをおっしゃる方がいらっしゃるのだと自分なりにいろいろ感じたことが多かったのですが、その中心に池先生がいらっしゃったのです。その数年後、私は勉強を終え一九九二年に帰国して翰林大学に赴任することになったのですが、池先生も帰国されまして翰林大学にいらっしゃいました。一九九四年のことです。これもなにかの縁でしょうか。

それ以来、傍から見ている立場で申しますと、池先生が日本にいらっしゃった時にいろいろご発言されたお話というのは、いわゆる「外」からの批判なのですね。ところが帰国されて「内」で発言されると、ご本人は同じことを述べているかも知れませんが、それが内側からの声になってしまう。これは横で見ていると、「ああ、重みというか意味が結構違ってくるんだなぁ」というようなことを感じました。先ほど堀先生が日本人をやり込めるのではなく、日本人に自ら内側からの反省を促す方法をとっているとおっしゃいましたが、以前は池先生が「外」から、いわゆる韓国の軍政にたいする批判というか反省をもとめていた。ところが帰国されてからは「内」からの声として、一韓国国民としての声を発していることは多分日本側からも違ったような重みといいましょうか、感覚で認めることができたのではと感じました。

堀真清 ところで、池先生のお仕事をもう少し大きな土台に乗せ、発展させる方法はないかということですが、一つはこの研究所のお仕事が韓国そのもののリーダーになる、韓国学問界のリーダーになることです。その時にアジアの知というもの、これが本当に力あるものだということを、狭いアジア主義の立場ではなくて、もっと広い、自信のある態度で、発信する。これは韓国の研究者、知識人たちの仕事だと思いますね。日本の場合はちょっと諦めたのですけれど（笑）。

この課題にたいして、やはり池先生は何かおっしゃらないといけない。先生には責任もあると私は思うのです（笑）。

池明観 私はこれからだと思います。韓国における日本研究は、日本の自己理解ないしは、日本のこれから行くべき道に多少でもプラスになるような時代がくる。韓国と日本とのあいだには伝統的な文化の流れからといっても最も親近な関係がある。植民地支配も受けたし、いろいろ歴史的なこともありますが、韓国の文化を知って日本を知るということはね、これはちょっと日本人ができない特権であろうと思います。

私は日本に行って勉強して帰ってきた日本学研究者たちが、なぜ韓国のことにつき何もしないのか、あまり遠慮しすぎていると思います。日本を知っているから、日本を知れば知るほど韓国のことがよく見えてくるところがいっぱいあるのですよ。また、韓国を知れば、日本にたいして、日本人自身も忘れているようなことを十分見てとれるようになるのです。私のようにずっと日韓関係を何十年もやっていながら見ているとね、目に見えて少しずつ変わってくるなと実感できるのです。だから私は日韓関係において普通の人がいうように、何も変わっていないとか、過去と同じだとか、あるいは、今はちょっと良くなったとしてもいつ反動的になるかもしれないという発想はしないのです。非常に楽観的に将来はどんどん前に進むだろうと思うのですよ。

中国が台頭しているさなか、日韓の理解が深まるということはどういう歴史的役割をはたすのか。自分は関係しないわけですが、未来への期待、そう気持ちをもって眺めています。日本学研究所が単に日本のことをやっている人たちの集まる場所ではなくて、アジアの新しい方向を模索する人たちが集まってくる所、そういう時代になってくるのではないかという気がしてならないのです。未来に期待しています。

今度の鳩山首相にしても東アジア共同体の話をする、あれは日本の責任ある政治家としては初めてでしょう。ああいうことはいえなかったですね、今まで。どちらかというと日本の自民党の政治家というのは右よりでなければならなかった時代でしたからね。だから私は鳩山首相がそういうことを踏まえて非常に慎重に成長していくことをもちろん望みますが、たとえ失敗したとしても彼が引いたあの線から後退することはないと思います。特に日本という国は前の人がしたことが自分の気にいらない場合でもその線から後退はしないで、引き受けて前進しようとする国ですから、私は鳩山首相が今度ひいたラインは非常に重要である。そのラインを政治家あるいは両国の問題、東アジアの問題を考える人たちは重視し、日本において貴重な一歩を踏み出したという評価をして進むべきだと思うのです。

特に韓国の政治を担当している人たちに、このことにたいする覚醒といいましょうか、目覚めを与えることは非常に重要だと考えています。

梁基雄　なぜ韓国で日本研究が重要なのか、韓国で日本を研究する必要は何だろうかとの堀先生の質問は大事だと思います。韓国での日本研究というのは二つの意味があると思います。

一つは国際政治学としての日本学があるのですね。過去の韓日関係は平等的な関係ではなかったのです。韓国が経済開発をはじめた段階、あるいは植民地から独立した段階では日本は学ぶべき対象、あるいは警戒すべき対象だったのですね。相手をよく見ないと私がなくなる。これが国際政治学的な関係ですね。一九七〇年代までの日韓関係はこういう国際政治学的な関係だったと思います。その後の日韓関係というものは比較政治学の領域に入ったと思います。日本が分かると韓国がもっとわかる、あるいは韓国がわかると日本がもっとわかる、これが比較政治ですね。これがまたアメリカでの日本学研究と韓国での日本学研究の差ですね。

アメリカではやはり国際政治学的な日本学研究ですが、相対主義というか多元主義的な観点から日本学研究ができる国は今の韓国だと私は思います。そういう意味で韓国での日本学というのは世界的な意味とレベルの研究になる可能性をもっています。

いま一つ、日本、韓国、中国の共同体論の重要性を考えてみましょう。ヨーロッパは既にヨーロッパ合衆国の段階まで入っています。では、現在の東アジア共同体論の意味は何でしょうか。私は、東アジア共同体をつくることができれば、これは国と国のあいだの発展の格差や、歴史的な不幸を自らの努力で克服した、最初の平等な真の共同体になると思います。これが東アジア共同体の意味であり、進むべき道ですが、この点を池先生はずっとおっしゃってきたと思います。

北朝鮮にたいする問題もそうだと思います。統一を南北関係、そういうレベルから眺めたらその解決策もよく見えないし、平和的ではない方法も入ってくるのです。それで日本と韓国と中国が和解、協力の場をつくりながら南北統一の話もすべきですし、ドイツの場合を考えてもそうだったと思います。まず、地域の同意がありました。それがなかったらドイツも統一できなかったでしょう。ですから韓日中共同体というのは、地域での南北関係のための、コンセンサスにもなりうる条件だと考えます。東アジアの共同体の話が何故重要なのかは、こういう面からも話せるのではないかと思います。

もう一点、鳩山さんの話は歓迎します。鳩山首相のいう東アジア共同体には歴史的和解をするための準備ができているという前提があります。そして、もっと重要なのは韓国と中国の自信ですね。平等な立場から共同体をつくれるとの自信をもっています。一〇年前の中国だったらあまり歓迎しない話ですね。韓国も同じでしょう。しかし、今は共同体のための条件ができはじめている。比較的観点・立場にたって相手を見る条件が出てきた。知的な、経済的な、歴史的な条件がつくられていると思います。ですから、これからこの地域の歴史というのは良い方向へと進んでいくのではないかと私も思います。このように国際政治、あるいは比較政治の観点から見ても池先生が歩んで来た道、教えてくださったことの意味が再確認できるのではないでしょうか。

池明観　そういう意識をもっている人は少数ですが、歴史においてはその少数者が重要なのです。少数者が前進しながら、多数を説得しながら、皆の心を一つにしていく。多数の人がそういう意識に化することは最初からは望めないのです。

たとえ、日本においていま鳩山首相がそういわれても大きな反応はない、そうであっても日本の政治勢力の中心にいる人たちはそう考えざるを得なくなってきた。そして、梁先生がおっしゃったように、中国や韓国でもこの問題をまともに引き受ける。昔の大東亜共栄圏のように憤慨するのではなくて、日本のその姿勢を受け入れながら共に進むのです。

この日本学研究所のような研究所がそういうことに貢献するような頭脳集団の中心であって欲しいし、少数ゆえ歴史のなかで何もできないように見えても、実はその少数が新しい時代のシグナルになっていく。アジア全体の目から見て非常に正しい芽吹きだと思えるものを励ます。それは大学の共生の問題でもあるし、新しい芽は大分出ている。早稲田大学と翰林大とが交流できるとすれば、そういう芽を育てるために我々は努力し、その芽を学内のアカデミズムだけでなく、実業界にも広げていく、政治の方へも広げていく。そういうことをすればそれが実るような時代になったという気がしてならないのですよ。私はあまり楽観的に歴史を考えているかも知れませんが……

堀真清　この考え方が池先生の基本にあるものだと思います。池先生も梁先生も同じことをおっしゃったわけです。今や相互理解の政治だ、お互いが人間の声をもとめ合っている、そこに我々はもう来ているよ、と。

池先生は、日本と韓国の政治はもう後戻りはしない、出来ないぞというい方で覚悟を促しますが、発信の仕方として先生の良い意味での政治性がうかがわれます。

徐禎完　東アジアを語る時に「漢字文化圏」という言葉がよく使われますが、日本の中世説話文学の権威であられる小峯和明先生は、「漢文文化圏」という言葉を使っておられます。つまり文字のレベルではなくて漢文を通して思想や考えを共有してきた時代・地域があって今日に至った、という理解です。当然のことながら、この「漢文文化圏」には東アジアだけではなく、ベトナムなども含まれています。このように文字だけではなく広く深く思想や考えまでも包容した発想で、東アジア、またはアジア共同体的な発想をする必要があるのではと思います。このような新たな観点から韓国研究や日本研究ができるのではないかということを、お話を聞きながら思っておりました。

池明観　私は文化の問題については、いつも心の片隅に引っ掛かることがあるのです。たとえば我々はよく丸山真男のことを話題にするわけですが、丸山真男といっても特別に日本を専門にする人はともかく、その他の人はほとんどわからない、日本人にしかわからないのです。ヨーロッパでサルトルといったらフランスだけでなく、ヨーロッパ全体のサルトルであるし、ドイツのハイデッガーであっても、ヨーロッパ全体が知っている、世界が知っている。我々もね、こうならないといけないのですよ。丸山先生自身は日本だけを中心に考えたかもしれませんが、これからの思想家は東アジア全体の舞台のなかで、あるいは世界まで考えても良いのですが、そういう思想家が現われてこなければいけないのですね。

大事なことは、もうすでに暗黙のうちに我々は東アジアの新しい時代、新しい方向に進んでいるということですよ。時代がだんだん熟していくことを感じます。鳩山首相の言葉を支えることです。このようななかで、韓国が日中両国にたいして平和的に貢献することは素晴しい歴史の展開でしょう。私は少しずつその方向に向かっていると思いますよ。歴史の歩みをずっと見ていているとね。

堀真清　先生は時代が変わってきたとよくおっしゃいますし、そのことは確かだと感じないではありませんが、もうひとつ、我々のなかにまだはっきりとした本当の相互理解がないのではとも思います。何か別の要素が入ってくれば、相互理解とか共助は大丈夫か、政治家の言葉のレベルだけでは不十分ではないかという気がするのです。戦前と違ってヒエラルヒーの時代ではない、ウィン・ウィンをめざしていることははっきりしていますが、ただそれを我々も研究者としての持ち場、持ち場で引き受けていかないと危うい。そうでないと、ここまで来たものさえも失うだろうと心配します。

私の親友であるケンブリッジ大学の Brendan Simms 教授は『三つの勝利と一つの敗北』という、一八世紀の英帝国とヨーロッパ大陸との関係を主題にした本を最近書き、評判になりましたが、彼の念頭にあるのは今日のEUのなかでのイギリスの生きる道だと思います。過去に材料をとりながら現代的な仕事をするということの姿勢は大切であり、我々研究者に課されたテーマは多大ですね。

これからは東アジア共同体の時代といいますが、ヨーロッパが抱えている悩みなども現代史としてどうやって一緒に学んでいくか、この研究所ならではの大事な仕事だと思います。

池明観　私は日本学研究所に重点を置くべきだと思うのですが、どうですか（笑）。大学当局はそれを認めて支援することです。そして研究所自体は非常にオープンにして人を集める、それが重点的な機関がなすべき方向でしょう。重要なのは自分の仕事を人に知らせることです。いくら一所懸命に仕事をしても皆が知ってくれないと何の影響力ももてないことになるからで、仕事をどうやってメディアを通して広めていくかも重要ですね。

徐禎完　鳩山さんの話がでましたが、政権交代ということに日本人はまだ慣れてないようですね。鳩山政権誕生に際して日本の友人からメールがあったのですが、そのなかで彼は「大変なことになっちゃったね」と書いていました。韓国は日本よりも民主主義の定着が遅く、軍政から民主化への険しい道を歩んだのはつい最近のことですが、そのような韓国でさえすでに政権交代ということを経験しています。経験した立場から見るとそんなに大したことでもないのですが、日本の場合、自民党一党による長期執権に慣れてしまい、何かが変わることに大きな不安を抱いてしまうようです。ソビエト共産党による長期執権に次ぐ、長期にわたる自民党執権がそうさせたのでしょうか。これから数回、政権交代を経験すれば、日本人のあいだでも「これが正常なんだ」とわかる時代が来るでしょう。そうなったとき、東アジア共同体という考え方ももう少し進むのではないかと思います。

堀真清　徐先生がおっしゃったように我々が変わりながら、東アジア共同体をめざすわけですね。政権交代のことですが、私はイギリスにいたころ日本に政権交代はおきるのかと聞かれたことがありました。その時は希望的観測で一〇年したらねと答えました。それがほんの少し早く実現したわけですが、それは民主主義社会には政権の交代が必要だという気持ちからそういったのでした。

ただ、心配なのは交代したあとに来る反動の方ですね。なんだ、自民党でも民主党でも結局変わらない、所詮、政治家のすることは同じだという政治不信のひろがりです。これを懸念します。韓国では軍政と戦って民政になり、そのもとでも民主化の運動が続いてきた、ここにはダイナミックな政治があるなと見ていました。問題は日本の政権交代が日本の国民のみならずアジア諸国、ひいては世界に向かって期待を抱かせるものかどうかです。その点で韓国の現在の政治について韓国の学者はどう考え、また日本の研究者による観察をどう評価しているのか、知りたいですね。日本の韓国学者は、かつては韓国語ができず、英語文献をつうじて焼き直しの議論をしていた時代がありましたが、最近はいかがですか。

池明観　日本で韓国のことをコメントする、あるいは勉強している学者たちを韓国の目で見ればどうですかね。

梁基雄　そこにもやはり世代交代が起きていると思います。政治学、国際関係学の観点から見たら日本での韓国研究も以前の国際政治的な観点から今は比較政治的な観点になっていますし、私は、特に指導に当たる先生の役割が重要だと考えています。誰がどういう観点で学生を教えるかが重要だと思います。幸い最近日本の大学でも韓国に留学をし、韓国の文化や言葉に精通し、比較政治的な感覚を身につけている若い先生たちが少しずつ増えています。これは日本のためにも韓国のためにも良い資産になると思いますね。先生のもっている観点や価値体系は学生さんに影響を及ぼしやすいからです。

池明観　大分それにたいして力を入れないとね。自然に任せておいてはそう簡単にはいかない。若い世代に期待します。しかし、新しい世代が何かしようとする、それがそのまま効果を生み出すのではなくて、一旦は挫ける、あるいは失敗する、あるいは縮小された形で歴史は沈殿していくものだと思います。我々は韓国の民主化運動をやったとき、掲げた目標は遥かに高かったのですが、それはそのまま実現されるのではない。実現しようと努力しても現実のなかで実現されるのはごく僅かですよ。ややもすれば、いくらやっても結果は現れないのだと反動的になる。現実に大きく実らなくてもそのなかにおいて実りはどこにあるかを見届けながら歴史に希望をかけて生きていくことが重要だと思います。

そういうような歴史の見方、この頃になって私はますますその見方を強めながら、やはり歴史の動きにはいかなる勢力もどうすることもできないものがあるのだなと思いながら自ら慰められるといいましょうか、自ら慰めているといいましょうか（笑）。

この前、共感を覚えたことがあったのです。ロシアの知識人の団体が声明を出したのですが、そのなかに、この頃進歩勢力と保守勢力とは政治的に区別がないと書いてありました。なぜなら相手が提起したものであろうと何であろうと、自分の政権を固めるために良いものをどんどん採用しているからです。ドイツの社会民主党が失敗した理由はそこにある。保守党が社会民主党のやっていることをそのままやっている、それが歴史だと。だからすでにイデオロギー的に裁断することは不可能だといっているのです。

最近、私が日本のコラムに書いたことで、一つだけ申しますと、国民がこんなに強くなった時代はないのです。国民の目つきをこれほど気にする時代、中国ですら国民を無視することはできないでしょう。日本も韓国も国民の目つきを見てその動きを大事にしなければいけない時代になった。これは民主主義の大前進だと思います。執権勢力がこれほど国民を恐れる時代はないのです。前の自民党と今度の民主党を御覧なさい。民主党ははらはらしながら民衆を眺めているでしょう。韓国もそうですよ。こういう時代に政治権力をどうつくっていくか、これが大変な問題ですね。こういう時代に我々は日韓関係に関心をもっているわけです。

どうですか、両国の知識人が一緒になって東アジアの成長をどうすべきか、我々はそれにどのような忠告を与えるか、貢献すべきかを大々的に話し合ったらどうですか。

日韓文化交流会議をやっていた時の話ですが、会議をソウルでやる時は日本側は自費で来たし、東京でやる時は我々は韓国のお金で行きました。韓日中三国の重要な会議を財政的にどう賄っていくか、やはり考えないといけないと思います。いろいろな努力をして、東アジアにおける知識人の交流をどう活性化させていくか、財政的な負担をできるだけ少なくする方法はないでしょうかね。

堀真清　そうですね。公的援助の問題は別にして、研究者同士は身軽に交流する精神をもてばと思います。日本は学問的後進国ですから、外国、とくに欧米の研究者が来れば下にもおかぬ歓待で、謝礼も奮発しますが……。

私がケンブリッジ大学のダーウィン・コレッジにいた時、ダーウィン・シリーズという世界の知識人を定期的に招く公開セミナーがありました。南アフリカのツツ司教などもそこで素晴しい、いまだに忘れられない話をされたのですが、そのあとのフェローによる慰労会もいつもの簡単な食事でした。謝礼も無しです。知の饗宴がすべてです。ヨーロッパの知識人はドーバー海峡をさっと渡ってきて話をし、さっと帰りますね。ジャック・デリダもそうでした。こういう交流の在り方、スタイルを日韓中のあいだでつくっていくことになれば池先生のいう財政負担の軽減にもなるでしょうか。

徐禎完　もっとお話を続けたいのですが、予定していた時間も大幅にすぎましたので、一応、このへんで終わりにさせていただきたいと思います。まだまだ池先生にも堀先生にも伺いたいこと、私どもも論じたいことが沢山あるのですが、今日の座談会では、本来の趣旨である『一亡命者の記録―池明観のこと―』をお書きになった意図や内容をめぐってお話がはずんだばかりか、さらに池先生の思想と足跡が先生ご自身によって鮮明に語られたことに大きな意義があったと思います。そして、韓国における日本研究の現状と意義や今後の韓日関係、ひいては東アジアの新たな関係構築を視野に入れた日本学研究者と当研究所の使命、日韓研究者の交流のあり方などにも論議がおよんだことは大きな収穫で、主催者側としてはおおいに喜んでおります。本日の座談会をしめくくるにあたって、あらためて御列席の池先生、堀先生、梁先生に御礼を申し述べる次第です。どうもありがとうございました。

この座談会は、二〇〇九年一〇月八日、韓国春川市にある翰林大学校日本学研究所で行われた。発言者は池明観先生（日本学研究所初代所長）、徐禎完教授（同研究所現所長）、梁基雄教授（翰林大学校政治行政学科、本書韓国語翻訳者）、堀真清で、ほかに、安正花講師（同国際教育センター、本書韓国語翻訳者）、沈戴賢講師（同研究所研究員）が出席。徐所長、沈講師には本書韓国版のためのシンポジウムから座談会、さらに韓国語版の作業など諸事万端お世話になったことを記して心から感謝いたします。なお、韓国語版に賀詞をくださるソウル大学校日本学研究所長をはじめとする学界指導者の先生方に謝意を表します。

日本語版の刊行にさいして、池明観関係資料を恵与された樋口容子さん（前翰林大学校日本学研究所）。英文要旨に目を通してくださったAnthony Newell教授（早大）。初校の点検に協力された飛田真依子さんと正田浩由君（同君には原稿の段階でも助力を得た）。韓国に連絡し、掲載写真の入手に尽力された沈ホソプ君（いずれも早大院生）。本書の出版のみならず韓国語版の刊行を楽しみにしてくださった早大本部文化推進部文化企画課の皆様。本書を担当された早大出版部の佐々木豊氏と金丸淳氏、そして山下徹氏。以上各位に御礼を申します。

最後に。私の結婚式にてスピーチをされた池先生にいまでも感謝の念を忘れない母、藤井守・ひとみ夫妻、優子、そして、誰よりも亡き父に、ついに池先生の知的評伝ができたので、と一言。翰林大学校に本を贈る運動に協力したみどりと、先生の薫育に応えつつある真聡にも、助力ありがとう！

hostility. The historical and social problems between the two countries are still difficult to resolve, even today, but Chi's efforts in this dual regard continued untiringly. In his own mind, his endeavors all served the same purpose.

The questioin is how to change present society into a better one - how to build a worthwhile society where the people share hope for a better life and all members of society are treated as having a meaningful existence.

We believe strongly that his struggle against the military regime in Korea and his efforts to build a bridge of understanding between Japan and Korea deserve to be recorded, in order to commemorate the democratization movements of his fellow citizens and to sustain the spirit of democracy in both of these countries, as well as in China.

This book was written by a Japanese citizen well acquainted with Chi. For nearly 40 years, Chi and the author enjoyed a form of teacher-disciple relationship. But in this intellectual biography of Chi, the author has tried to maintain a certain distance from the subject himself. After all, Chi deserves in every respect to be depicted and evaluated as a major historical figure of contemporary Asia.

Record of a Korean political refugee:

The thought and struggle of Chi Myong Kwan

Hori Makiyo

" 'The historian tells of hope. He is not a historian who tells of despair.' Thus said Meinecke. I also want to tell of hope." (Chi Myong Kwan)

It was Francis Bacon who commented that as far as the masterpieces of the political sciences are concerned, all are the product of struggle. In the democratization process in Korea, what is the most significant book of this kind? Without hesitation, we nominate "Correspondence from Korea", written by T.K., the pen name of Chi Myong Kwan.

Chi's articles in Japanese from May 1973 to March 1988, printed in the monthly magazine Sekai, were read avidly in Japanese reading circles. They were not only the most important reports to make clear the political situation in Korea under the military regime of the time, but also the most valuable documents available that spoke of the resistance movement there. His work filled in the gaps of contemporary Korean history left by the restraints under which the free press had to operate.

Chi had to live in Tokyo as a political refugee for 20 years. During this long and arduous experience, he spoke out against the Korean military government and dedicated himself to democratization in his home country using his pen and his speeches as highly effective weapons. At the same time, he made great efforts towards conciliation between the Koreans and the Japanese, whose relations, as a result of previous Japanese imperialistic rule on the Korean peninsula, suffered greatly from mutual distrust and

【著者紹介】
堀　真清（ホリ　マキヨ）

1946年生まれ。早稲田大学政治経済学部卒業。Diploma in Historical Studies, University of Cambridge。西南学院大学法学部長（1995年）を経て早稲田大学政治経済学術院大学院政治学研究科教授。ケンブリッジ大学客員教授など歴任。著書に『西田税と日本ファシズム運動』（2007年、岩波書店）、翻訳に『ファシズムを超えて ― 一政治学者の戦い―』［新版］（2009年、早稲田大学出版部）ほか。小野梓記念学術賞（1974年）、政治研究櫻田會特別功労賞ならびに大隈記念学術褒賞（いずれも2009年）受賞。

早稲田大学学術叢書 4

一亡命者の記録　―池明観のこと―
2010年3月31日　　初版第1刷発行

著　者………………堀　真清
発行者………………堀口健治
発行所………………早稲田大学出版部
169-0051 東京都新宿区西早稲田 1-9-12-402
電話 03-3203-1551　　http://www.waseda-up.co.jp/

装丁…………………笠井亞子
印刷…………………理想社
製本…………………ブロケード

 ISBN978-4-657-10208-9 C3331

刊行のことば

早稲田大学は、二〇〇七年、創立百二十五周年を迎えた。創立者である大隈重信が唱えた「人生百二十五歳」の節目に当たるこの年をもって、早稲田大学は「早稲田第二世紀」、すなわち次の百二十五年に向けて新たなスタートを切ったのである。それは、研究・教育いずれの面においても、日本の「早稲田」から世界の「WASEDA」への強い志向を持つものである。特に「研究の早稲田」を発信するために、出版活動の重要性に改めて注目することとなった。

出版とは人間の叡智と情操の結実を世界に広め、また後世に残す事業である。大学は、研究活動とその教授を通して社会に寄与することを使命としてきた。したがって、大学の行う出版事業とは大学の存在意義の表出であるといっても過言ではない。そこで早稲田大学では、「早稲田大学モノグラフ」、「早稲田大学学術叢書」の2種類の学術研究書シリーズを刊行し、研究の成果を広く世に問うこととした。

このうち、「早稲田大学学術叢書」は、研究成果の公開を目的としながらも、学術研究書としての質の高さを担保するために厳しい審査を行い、採択されたもののみを刊行するものである。

近年の学問の進歩はその速度を速め、専門領域が狭く囲い込まれる傾向にある。専門性の深化に意義があることは言うまでもないが、一方で、時代を画するような研究成果が出現するのは、複数の学問領域の研究成果や手法が横断的にかつ有機的に手を組んだときであろう。こうした意味においても質の高い学術研究書を世に送り出すことは、総合大学である早稲田大学に課せられた大きな使命である。

二〇〇八年一〇月

早稲田大学